AF280905

Bibliografische Information der Deutschen Nationalbibliothek: Die
Deutsche Nationalbibliothek verzeichnet diese Publikation in der
Deutschen Nationalbibliografie; detaillierte bibliografische Daten sind im
Internet über dnb.dnb.de abrufbar

© 2019 by Eva Gitta Glöckner
© 2019 Cover/Illustration: Eva Kampanokrousti
© 2019 Herstellung und Verlag:
BoD – Books on Demand, Norderstedt

ISBN: 9783757854287

Willst Du wirklich ein Buch schreiben
provokatives Handbuch für jeden der erfolgreich Autor*In werden will

Reden ist Silber, Schweigen ist Gold, Schreiben ist das Juwel

Gitta Glöckner

aus der Reihe

Schreiben mit der Kraft Deiner Seele

Inhaltsverzeichnis

Wortjuwel

Worte sind die Grundlage unserer Sprache.
Sie beschreiben all das, was wir tun.
Sie entwickeln ein Leben in eigener Sache.
Sind selbst anwesend, wo Stimmen ruh'n.

Worte können verletzen oder schmeicheln,
können Bestand haben oder vergeh'n.
Sie können Eis nach Dir schleudern oder streicheln,
Können Dinge erklären und das Leben versteh'n.

Manchmal sind sie nicht leicht zu finden,
oder sie sprudeln hervor wie ein Quell.
Oft sind sie geschnitzt in der Bäume Rinden,
manches Mal klingen sie düster, dann wieder fröhlich hell.

Worte haben sehr oft einen doppelten Deut-Sinn
und der Ton spielt dabei die farbenfrohe Tastatur.
Das zu erkennen, zu lieben, ist immer wieder ein Gewinn.
Und so zeigt sich der Weg nur dem Aufmerksamen zu ihrer
ursprünglichen Natur.

Worte sind Kostbarkeiten, so unschätzbar,
werden geschliffen, bis die Aussage passt.
Kleinode, funkelnde Akzente setzend, sogar
in edle Rahmen werden sie dann für alle sichtbar gefasst.

Worte sind Gottesgeschenke und Himmelsgaben.
Sie verdienen hoch jauchzenden Jubel und goldene Fanfaren.
Ein uns teurer geschätzter Edelstein jedes Wort, an dem wir uns
glücklich laben.
Das Geheimnis des Feuers im Innern gilt es zu finden und zu
erfahren. (2)

Boshafte Einleitung

Wer bist du, dass du denkst, du könntest ein Buch schreiben, ein lesenswertes Werk veröffentlichen?

Willst du dich ernsthaft mit Goethe, Schiller, Tolstoj, Dumas, Dan Brown oder Clive Cussler, Victoria Holt auf eine Stufe stellen?

Glaubst du wirklich, dass deine Schriften mal neben Astrid Lindgren, William Shakespeare, Tolkien, Franz Kafka oder Charles Dickens in den Bücherregalen der Bibliotheken stehen?

Meinst du, du schaffst einen Bestseller wie Paulo Coelho, John Irving, Steven King oder Ken Follett?

Du glaubst echt, so gruselig wie Sebastian Fitzek , so romantisch wie Nora Roberts oder so fabelhaft wie Joanne K. Rowling, mit Worten um dich werfen zu können?

Meinst du echt, dass sich deine Werke aus den Millionen von Büchern, die den Markt schwemmen, hervorheben?

Du kleines Licht aus der Vorstadt, du unbekanntes Menschlein, du armseliger Nine–to-Fiver, du Kuchen backende Hausfrau, du Schulabbrecher, du Tagträumer!

Haben dir nicht bereits genug Leute erzählt wie unfähig, wie klein, wie untalentiert, wie unwichtig du bist?

Wieso bist du nicht mit deinem winzigen Glück der Existenz zufrieden?

Warum strebst du nach dem für dich Unerreichbaren?

Weshalb glaubst du, du hättest etwas zu sagen und es gäbe vielleicht jemanden, den das interessiert?

Du willst ein Buch schreiben?
Mach Dich nicht lächerlich!

Schreiben ist gefährlich.
Schreiben ist wachsen.
Schreiben ist erkennen.
Schreiben ist offenbaren.
Hältst du das aus?

Schreiben ist spannend.
Schreiben ist reisen.
Schreiben ist geben.
Schreiben ist loslassen.
Willst du das wirklich?

Schreiben ist entdecken.
Schreiben ist finden.
Schreiben ist lösen.
Schreiben ist leben.
Leg los! Fang an! Versinke!

Hallo, bist du noch dran? Bist du noch bei mir?
Das ist es , was ich dich fragen will:

Hältst du das aus?
Willst du das wirklich?

Wer erdreistet sich?

Das ist es, was du vielleicht zu hören bekommst. Derartige Vergleiche mit den Großen der Branche musst du dir gefallen lassen. Fragen wie >warum klappt es bei den anderen und bei dir nicht?< darfst du schlüssig beantworten.
Du sagst, das passiert nicht?
Mir schon, ständig.

Ich erdreiste mich, die Welt mit meinen textlichen Ergüssen zu nerven.
Ich bin überzeugt davon, etwas zu sagen zu haben.
Ich will, kann und muss mich mitteilen.
Ich werde dich hier nicht mit meiner einzigartigen Biographie nerven, na ja, vielleicht ein wenig auf den kommenden Seiten, mit Beispielgeschichten.
Interessiert dich vorab ein Blick hinter meine Kulissen:

https://www.wortjuwel.de

oder gar in meine Bücher, dann trau dich!

Regst du dich auf?
Möchtest du mich würgen?

Hältst du das aus?
Willst du das wirklich?

Nein?

Dann hör bloß auf zu lesen.
Gibst du mir und deinem Umfeld recht?
Mach einfach weiter! Wie bisher.
Versteck dich!
Bleib klein!
Wo bleibt deine Neugier?

Vielleicht?

Leg den Text für einen Moment zur Seite.
Denke über das Gelesene weiter nach.
Triff eine Entscheidung!
Mit einem „Vielleicht" lebt es sich beschissen! Egal zu welchem Thema.
Wo versteckt sich deine Risikobereitschaft?

Ja?

Du sagst „Ja"?
Fein, ich freue mich!
Ich darf dich ärgern und quälen.
Ich verspreche dir, dass du dein „Ja" mehrmals bereuen wirst.
Du wirst dich immer wieder entscheiden müssen, ob du bei deiner ersten Antwort bleibst.

Mein Schmerz

Es gibt Outliner, Discovery Writer und MICH.
Ich bin ein Seelenschreiber. Also eine -in, Seelenschreiberin.
Der Outliner – Planer - plant seinen Text durch, der Discovery Writer - entdeckender Schreiber - schreibt drauf los und lässt sich überraschen, wo die Reise hin geht.
Ich schreibe wochenlang gar nichts bis, ja bis die Schmerzen kommen.
Sie schleichen sich nicht an, sie sind einfach da, von einem Augenblick zum nächsten.
Sie sitzen im Nacken. Sie sitzen und sitzen und ich sitze es aus.
Es kann Stunden dauern, aber auch Tage. Diesmal geht es bereits auf eine Woche zu.
Aber irgendetwas fehlt noch.
Ich warte.
Ich muss nicht suchen. Ich weiß, es geht los, wenn alles bereit ist.
Wann immer.
Doch im Moment hoffe ich, dass es bald geschieht.
Wenn es so weit ist, ist es eine Befreiung. Eine Befreiung meines Körpers von diesem zähen Schmerz. Eine Befreiung meiner Seele, die in jeder Geschichte explodiert.
Vereint schreiben wir dann an dieser neuen Geschichte und plötzlich ist es ganz einfach.
Es fließt.

Gefühlt sind ab dem Zeitpunkt der Seelenöffnung meine Finger nur noch ausführende Werkzeuge für ein Diktat.
Mein Text springt aus meiner Seelenquelle.
Ich muss mich beeilen, um technisch händisch mit dem Wortfluss Schritt halten zu können.
Mache ich eine Pause für einen Kaffee, ein Essen oder die Nacht, brauche ich mich nicht zu beunruhigen, dass ich den Faden verliere.
Ich setze mich am anderen Morgen ran und schon bin ich wieder auf der Wörterautobahn.
Das ist dann meine Schreibzeit.
Ich komme zu fast nichts anderem. Aber das ist gut so. Ich liebe diese Zeit der Eile um die Seiten zu füllen ohne es eilig zu haben. Diese rastlose Zeit der Mehrarbeit ohne das Gefühl der Überforderung. Diese langen Tage des Alleinseins mit dem Text ohne mich einsam zu fühlen.
Ich bin süchtig nach dieser Seele-Körper-Geist-Verbindung ohne mich in ihr zu verlieren.
Es gibt Outliner, Discovery Writer und MICH.
Und jetzt endlich geht es los.
Ich höre den lautlosen Knall. Die unmittelbar folgende Druckwelle reißt den Schmerz aus meinem Nacken und fegt ihn hinweg, zumindest für die Zeit des Schreibens jetzt und die Ruhezeit danach bis, ja bis zum nächsten Mal.(3)

Hältst du das aus?
Willst du das wirklich?

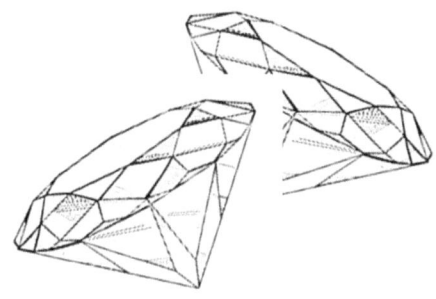

A – Du als Person

Explosiver Kram – Schreiben ist gefährlich

gefährlich: bedrohlich, ernst, kritisch, heikel, explosiv, brisant,
         abenteuerlich, unberechenbar,
         geladen, beunruhigend (1)

Es geht nicht um den Inhalt deiner Geschichte.
Es geht um dich!
Schreiben ist für dich gefährlich!
Fängst du an, kannst du nie mehr zurück. Du veränderst dich. Du
beginnst, dich wichtig zu nehmen.
Lass es mich so sagen:

Ich brenne

Wortlos gab er mir das Glas.

Wortlos stürzte ich den Inhalt hinunter.

Das brennende Etwas raste die Speiseröhre hinab und explodierte in meinem Magen mit dem dumpfen Knall eines Silvesterböllers. Die bunten Sterne durchstießen die Nebelwand meiner Gedanken. Plötzlich lag alles sichtbar vor mir ausgebreitet.

Ich stand auf dem Gipfel eines einzelnen Berges. Die der Bergkette vor mir waren doppelt so hoch und das Tal dazwischen war gefüllt mit dem grauen Wabern des Vergessens.

Die tonlose Explosion hatte endlich die Kruste der Enttäuschung aufgebrochen und wie bei einem Vulkanausbruch ergoss sich nun das Innere nach außen. Meine Lava jedoch war zäh fließendes kaltes Eisen. Der modrige Geruch von Angst und das lähmende Gefühl des Fehlens von Luft zum Atmen umwehten mich.

Das Entsetzen stieg aus dem Krater meines restlichen Ich's mit der hässlichen Fratze einer noch nie gesehenen Kreatur der höllischen Unterwelt. Kalte, grässlich lange Klauen griffen nach meinem Herzen.

Ich öffnete den Mund zum Schrei.

Aber das graue Wabern hüllte mich bereits ein und drang nun in das leere Innere meines Körpers wie Wasser in einen Hohlraum. Je mehr mein Ich sich damit füllte, um so mehr verschwanden meine Konturen. Oh mein Gott, ich würde mich auflösen in diesem

grauenvollen Gefühl, das Materie geworden war.

Ich würde verschwinden vom Zeitstrahl, als hätte es mich nie gegeben, als gerechte Strafe dafür, dass man sich nicht erdreistet, sich das nehmen zu wollen, was die eigene Seele fordert.

Ich war nicht gut genug, nicht clever genug, nicht klug genug!

Mit dieser Erkenntnis, die mir das Entsetzen als dunkles Geschenk mitbrachte, begann ich mich meinem Versagen hin zu geben.

Ich spürte Grund unter den Füßen.

Ja, ich könnte einfach die Situation so belassen, wie sie jetzt war.

Ich hatte ein paar Gene verändert, verbessert für mich, neue dazu bekommen und in der Menge der Umgewandelten war ich eine von vielen.

Keiner kannte mein Geheimnis. Keiner würde es erfahren.

Ich hatte mein genetisches Potential ein wenig angehoben. Klang doch nicht schlecht, oder?

Das Wabern hörte auf, störend zu wirken.

Im Hinwegdämmern zu meiner früheren Bedeutungslosigkeit fuhr ein Blitz aus der Ewigkeit herab und brachte das Grau in mir und um mich herum zum Brennen. Die aus dem Feuer aufsteigenden Flammen leuchteten in den Millionen Farben des Abenteuers.

Ich brannte. Das leere Gefäß meines Ich's erhärtete in den Tausend Grad heißen Fluten des Verlangens und der Sehnsucht, die auf einer Wolke von Träumen zu mir herab schwebten. Sie füllten mein nun unzerbrechliches und gereinigtes Ich mit Perlen, die aus der Wolke regneten. Aus der schönsten Perle erwuchs tief in meinem Inneren eine Blume mit feuerroten Blütenblättern. Der von ihr ausgehende

Lebenszauber gab mir eine neue unbändige Kraft.

Ich konnte, nein, durfte nicht aufgeben!

Ich musste dahin gelangen, an jenen Ort im Gewebe der Zeit, wo ich hin wollte, weil ich dahin gehörte. Weil nur da mein richtiger Platz war, mein wirklicher Lebensfaden gewoben werden wollte.

Ich hatte versagt! Dieses Mal. Ich würde es besser machen!

Ich konnte unmöglich zurück in eine unbefriedigende Situation, mit dem Wissen, dass es vielleicht hätte anders ausgehen können!

Ich musste weiter machen!

Ich musste siegen!

„Ich kann jetzt nicht aufhören!"(4)

Du kannst nie mehr aufhören.
Plötzlich ist es für dich entscheidend, da zu sein, dein Leben zu führen, du begreifst deine Daseinsberechtigung.
Damit kann und wird dein Umfeld in Konflikt geraten. Du bist noch schlimmer. Du provozierst die Unstimmigkeiten.

Bleib in deinem Kämmerlein

Ja, genau. Erzähl es keinem. Mach es heimlich.
Du lädst dir damit neue Ängste in dein Leben ein. Hast du nicht schon genug davon im Rucksack, die dich täglich nieder drücken?
- Angst vor dem Versagen
- Angst vor Tieren
- Angst vor geschlossenen Räumen
- Angst vor Personen
- Höhenangst
- die ständig wieder kehrende Angst, nicht gut genug zu sein, für wen oder was auch immer.
Zu all diesen bestehenden Ängsten fügst du nun die
- Angst der Entdeckung
- Angst der Bloßstellung
- Angst der Zurückweisung
freiwillig hinzu.
Du bist ja verrückt!

Hast du ein Tagebuch geschrieben?
Du kannst dich noch daran erinnern, wie verzweifelt du es verborgen hast?
Keiner sollte schließlich deine geheimsten Gedanken und Wünsche finden.

19

Du weißt noch genau, wie es war, als deine Geheimnisse entdeckt und vielleicht lauthals lachend verkündet wurden?

Das ist die eine Seite des Buchdeckels!

Die andere ist noch viel schlimmer!
Auch wenn du heimlich schreibst, wirst du dich verändern.
Möglich, dass du es erst gar nicht bemerkst. Die Menschen um dich herum schon.
Du wirst Menschen meiden, die dir schaden, du wirst neue Freunde suchen, wenn sie dir deine Liebe nicht gönnen, du wirst dich verschließen vor denen, die du als ewige Nörgler entlarvt hast.
Du notierst es in deinem Tagebuch, du wirst dir durch dein Schreiben klar über deine Situationen.
Auch wenn du noch unbewusst handelst, bestimmen deine Gedankenspiele deinen Weg.
Okay, das tun sie immer, aber schreibst du sie auf, denkst du über die Formulierung nach und gibst ihnen so über die Worte und Sätze ein Bild. Du manifestierst deine Ideen, Träume, Wünsche, Erfahrungen und du lernst daraus.

Mit einer erfundenen Story ist es ähnlich. Irgendwann wird es dir nicht mehr reichen, sie nur allein zu lesen. Du willst ausprobieren, ob und wer sie versteht, wem sie gefällt. Es kommt ein Zeitpunkt, wo du es raus lassen musst, unbedingt.
Für dich ist es ein Abenteuer, für dein Umfeld kann es bedrohlich, brisant, gewagt sein. Du wirst unberechenbar, weil du eine eigene Sicht auf die Dinge entwickelst und nicht mehr in der Herde verweilst. Du könntest damit später dein Brot verdienen wollen, eine eigene Meinung ist oft nicht erwünscht, du zeigst Missstände auf, spielst mit deinen Ängsten und Träumen oder denen der anderen.

In meiner Familie war Kreativität nicht erwünscht. Da galten nur die Naturwissenschaften. Malen und zeichnen durfte ich nur in den unteren Schulklassen, musizieren und singen wurde mir verboten. Was ich durfte war lesen. Und seltsamer Weise barg unser riesiger Bücherschrank nicht nur Fachliteratur. Ich tauchte ein in Abenteuer aller Art. Ich fabulierte, ich schrieb in Gedanken das Ende um, wenn es mir nicht gefiel, ich erfand eigene Figuren. Es gab so viele wundervolle Geschichten. Ich platzte schier, weil sie keinen interessierten.

Dann kam mir der Deutschunterricht zu Hilfe. Wir sollten ein Buch, eine Geschichte frei nacherzählen. Ab sofort bestritt ich den Unterricht. Ich liebte das Erzählen, meine Klassenkameraden mochten meine Abenteuergeschichten und mussten selber nichts tun und meine Lehrerin, damals bereits etwas betagt, bekam die Stunden mit dem wenigsten Arbeitsaufwand herum.

Ab diesem Moment war ich die Geschichtenerzählerin, die Träumerin. Gut, ich wurde nicht ausgelacht. Das Fieber des Erzählens hatte sich jedoch bereits in meinem Körper ausgebreitet.

Schrei es raus

Wenn du echt wahnsinnig bist, dann halte jedem deine frischen Zeilen unter die Nase.
Lass sie dir blutig schlagen!
Lass dir deinen Text zerfetzen!
Lass dich für größenwahnsinnig erklären!
Weißt du nicht selbst, dass kein seriöser Verlag auch nur eine Zeile von dir drucken wird?
Machst du es so, gibt es viel Lärm um dich und deine Geschichte. Du darfst dann relativ schnell entdecken, wer zu dir steht und wer dich klein halten will.

Was willst du bloß sagen mit deiner kleinen Geschichte über die reife Tomate, die auf den kalten Fliesen des Küchenbodens aufklatscht? Was erzählst ausgerechnet du über das Finden der einen wahren Liebe? Glaubst du etwa, es interessiert jemanden im Himalaja wie groß deine dich ängstigenden Spinnen sind, die in der Nacht über deine Bettdecke krabbeln?

Zeig es, lies es vor, posaune es heraus. Mach dich lächerlich! Zeig deiner Umwelt deine Untauglichkeit für das wahre Leben!

Lass sie gehen

Toll! Das sagt sich so leicht!
Wo kommt die denn her, dass sie das so einfach behaupten kann?
Ich komme aus einem Leben, dass mir oft sehr plötzlich gezeigt hat, dass es notwendig ist, weiter zu gehen, wenn nötig auch allein.
Die ersten Male war es sicherlich mit sehr viel Schmerz und Unverständnis verbunden.
Im Laufe meiner Entwicklung habe ich durch eigenes Lernen und mit der Hilfe anderer begriffen, dass das sehr häufig ein natürlicher Prozess ist. Dem folgte die Erkenntnis, dass ich nicht nur abwarten muss, wenn sich eine Situation nicht mehr stimmig anfühlt.
Ich entscheide, wie mein Lebensweg verläuft, wer mich wann, wie lange begleiten darf.
Ich durfte erleben, dass mein Leben, mein Schicksal(?), solch eine Entscheidung auch herbeiführt, ohne mich zu fragen. Nämlich dann, wenn meine Seele weiter wachsen will und muss. Ich aber zögere.
Ich habe studiert. Meine exotische Berufsbezeichnung lautet Diplomkristallografin. In meinem Institut war ich beliebt und wurde respektiert. Im Zuge einer Umstrukturierung wurden die jüngsten Mitarbeiter abgewickelt. Das tat den freundschaftlichen Beziehungen keinen Abbruch.
Ich war allerdings bereits länger auf der Suche nach etwas Neuem. Wissenschaftliches Vorwärtskommen war ja interessant, aber am Puls des Lebens zu sein war für mich hundert Mal reizvoller.

Ich wollte eine Tätigkeit ausüben,wo ich am Abend des Tages wusste,wie viele Menschen ich erreicht hatte. Erreichen im Hinblick auf Kommunikation, Dienstleistung, Vermitteln von Freude und Respekt, Schaffen einer Auszeit.

Ich suchte mir eine neue Ausbildung.

Das erzählte ich selbstverständlich auch meinen mehr als zwanzig Freunden.

Was glaubt ihr ist passiert, als die erfuhren, dass ich mich zur Kellnerin ausbilden und verdingen wollte?

Über Nacht (und das ist zeitlich weit übertrieben) waren alle meine lieben Freunde aus meinem Leben verschwunden. Es war unter ihrem Niveau, sich mit einer Bediensteten abzugeben.

Seither habe ich, auch durch meine zahlreichen Reisen und Auslandsaufenthalte, immer wieder das Kommen und Gehen von Menschen in meinem Umfeld erfahren.

Weißt Du, die Wichtigen gehen nie wirklich. Ihre Werte, die sie Dir vermittelt haben, bleiben Deine ständigen Wegbegleiter.

Es existieren wie im Sport Kurz-und Langstrecken.

Manches findet sich schwerelos und verläuft sich unspektakulär. Anderes setzt sich hartnäckig fest und gedenkt nicht, freiwillig zu weichen.

Meine ersten freien Entscheidungen, mein Lebensumfeld zu ändern, sind noch immer sehr lebendig. Es kamen innere Fragen auf zu Richtigkeit, Notwendigkeit, was denken sie jetzt von mir. Personen, von denen ich mich getrennt habe (es geht nicht oder nicht nur um

Partnerschaften), waren selten ungeliebte Freunde oder Bekannte.

Deshalb ist es manchmal auch eine Sache, die weh tut.

Es braucht deshalb auch Deine Entscheidung, es zu tun.

Bist Du glücklich?

Willst Du noch etwas erreichen im Leben?

Wohin soll die Reise gehen?

Versteht Dich Dein Umfeld, Deine Familie, Deine Freunde, Kollegen, Bekannte?

Stehen sie zu Dir? Wollen oder werden sie Dich unterstützen?

Oder haben sie etwa Angst, dass Du Unruhe und Neues, welcher Art auch immer, in deren Leben bringst? (Ich spreche hier nicht von Meinungsverschiedenheiten, sondern von Lebenszielen)

Es erfordert Mut, diesen Schritt selbst zu gehen!

Ich habe diesen Schritt unlängst wieder getan.

Glaube nicht, dass es mir leicht gefallen ist.

Das war nicht einfach – trotz meines reichlichen Lebenstrainings in diesem Unterrichtsfach.

Begrenzung ist keine Entwicklung. Das ist Stillstand.

Du willst herausfinden, wer Du bist und was Du kannst?

Dann mach den ersten Schritt! Geh einfach los!(5)

Gewagtes Experiment

Du bist aber nicht nur eine Gefahr für die Umwelt, die mit Schrecken erkennt, dass du ausbrechen willst.
Du bist eine Gefahr für dich selbst!
Ob nun leise oder laut, du setzt dich deckungslos der Welt aus. Du outest dich mit deiner Passion. Du erkennst schlagartig dein dich behinderndes, gleichgültiges oder unterstützendes Umfeld. Es kann zu schmerzhaften Trennungen im Freundes-und Bekanntenkreis kommen, weil du verstehen lernen wirst oder musst, dass dich begrenzende Freunde nicht weiterbringen.
Indem du schreibst, siehst du genauer hin. Du erkennst Zusammenhänge, findest ausgehend von erzielten Wirkungen die Ursachen des Geschehens, analysierst deinen Inhalt, hinterfragst über deine Figuren dein Weltbild, erschaffst neue Regeln und Welten. Das geschieht, egal wie kurz oder lang deine Geschichte ist, wo und wann sie spielt, womit deine Helden sich auseinandersetzen. Du bist die Person, die letztlich damit leben muss, was unter deiner Feder entsteht.
Sei gewiss, auch wenn du es noch nicht glaubst, du kannst dich nur mit Dingen auseinandersetzen, die dich beschäftigen. Sie bringen ein Ergebnis hervor, welches dich erschüttern, aufwühlen, traurig oder fröhlich machen wird. Dieses Ergebnis beeinflusst dein weiteres Denken und Handeln.
Du beeinflusst dich selbst, du veränderst dich im Innen und folgerichtig im Außen. Das werden wir gemeinsam im Weiteren vertiefen.

Hältst du das aus?
Willst du das wirklich?

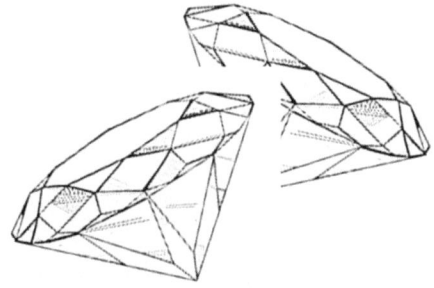

Die Gießkanne – Schreiben ist wachsen

wachsen: entwickeln,weiterkommen, aufsteigen, steigern, entfalten, fortschreiten, aufschwingen, vorwärts kommen (1)

Du wächst in der Gefahr. Das, was ich in den ersten Zeilen angerissen habe, passiert dir nicht nur beim ersten Versuch. Die Gefahr bleibt, sie wird eher wachsen. Sie muss wachsen, damit du wachsen kannst. Zu Beginn tust du die Dinge vielleicht unbewusst. Ich versichere dir, dass sich das ändert.

Erkenntnis: Du wächst mit der Gefahr und die Gefahr wächst mit dir.

Du trittst eine Lawine los, der Vulkan explodiert und der Sturmwind fegt dich in eine Höhle, in der du so lange suchend umherirrst, bis du das Licht gefunden hast, in dessen Feuer deine Seele brennt, die dann glühend wieder ihren Platz einnimmt und eine Lawine lostritt um sich abzukühlen.

Ich denke ja nicht, dass du so viel Mut besitzt, dich mit den Naturgewalten anzulegen. Du bist doch froh, wenn es warm und kuschelig ist. Peitschendes Eis und orkanartiger Gegenwind? Nein, nein! Dann doch lieber ein Stück frischgebackener Wohlfühlkuchen mit einer Tasse Komfortzufriedenheitstee.
Du sagst, das stimmt so nicht?
Okay, ich erkläre es dir!

Dein Weg

Die Lawine

Eine Idee schaut bei dir vorbei und sagt hallo. Du freundest dich mit ihr an. Du trägst sie mit dir herum und lässt sie reifen. Sie hat Potenzial, da könnte man was draus machen.
Aber!
Da müsstest du dich hinsetzen, die reifende Frucht beschreiben, sie würzen und zubereiten und überraschend servieren im spannungsgeladenen Look.
Na ja, vielleicht hat das noch Zeit oder dein Tee wird kalt.
Du hast mit deinen ersten spielerischen Gedanken auf der Stelle getreten. Im Schnee oder auf kaltem steinigen Grund, weil du keine wärmenden Gefühle für sie aufbringst. Du trampelst und trampelst und plötzlich trittst du sie los, die Lawine. Du hast einiges angesammelt unter deinen Füßen, benutzt es jedoch nicht und dein Treten schiebt die Masse an und die rollt davon. Du hast wieder festen Boden unter den Füßen, beruhigst dich und schiebst die Idee in einen winzigen dunklen Winkel, um sie zu vergessen.

Der Vulkanausbruch

Du lebst weiter wie bisher. Dann, eines Tages gibt es ein Ereignis, groß oder klein, das dich ärgert, aufwühlt, nervt. In dem Zusammenhang kommt die Idee aus ihrer Versenkung gekrochen und klopft an deine Gehirninnenwand. Was du noch nicht weißt, die Lawine hat bei ihrem Abgang direkt neben dir ein winziges Loch in den Boden gerissen. Die Idee verknüpft sich mit dem Ereignis und will raus. Sie zündelt ein wenig mit deiner emotionalen Energie und bündelt sie. Das Bündel durchstößt deine Knochenrinde, die Idee springt ins Freie und die Energie fährt in den Erdboden. Unter dir liegt ein schlummernder Vulkan, der durch die Verknüpfung der Umstände erweckt wird.

Du hast die Leerräume mit deiner Trampelei selbst verschuldet. Der Vulkan bricht aus. Die Gewalt der Druckwelle schleudert dich nach oben, löst dich von deinem sicheren Untergrund. Idee und Ereignis klammern sich Schutz suchend an dich. Du kannst gar nicht mehr anders. Du bist gezwungen mit Ihnen zu verwirbeln. Einer hält den anderen und jeder sorgt dafür, dass keiner von euch verloren geht.

Der Sturmwind

Der entstehende Sturm fegt mit euch übers Land. Er treibt euch von Ort zu Ort, über Berge, durch Täler, schleift euch über den Boden, hebt euch über die dunklen Staubwolken. Es dauert Stunden. Ihr habt durchaus Zeit, euch kennenzulernen. In den wenigen Atempausen tauscht ihr euch aus.

Das Geschehen hat euch zu Partnern gemacht. Ihr wisst, ihr seid aufeinander angewiesen, um da wieder raus zu kommen. Der Wind wird langsam müde. Mit einem letzten Aufbäumen greift er euch und schleudert eure kleine Gruppe in die Tiefe. Der Aufprall ist hart.

Die Höhle

Was ihr findet ist ein dunkler Ort. Ihr beschließt ihn zu erkunden. Während ihr euch tastend vorwärts, seitwärts und auch mal wieder rückwärts bewegt, kommt eine Unterhaltung in Gang. Du erkennst, dass Idee und Ereignis aufeinander aufbauen, dass sie sich gegenseitig bedingen. Und schlagartig fühlst du, was das bedeutet. Du bist die Verbindung, du wirst gebraucht für die folgerichtige

Verknüpfung der beiden und die Erlösung von euch drein aus dieser Situation.

Du willst hier raus und weg, zurück in die Normalität. Du beginnst, eifriger zu tasten im Dunkel deiner Umgebung. Du greifst in Schlangennester, erfährst die engen Tunnel des steinernen Irrgartens, siehst dich furchteinflößenden Kreaturen der Unterwelt gegenüber. Und plötzlich ertastet deine müde Hand einen regelmäßigen glattwandigen Stein.

Das Licht

Im Augenblick der Berührung beginnt der Stein zu glühen. Das Licht wird mit jeder Millisekunde kräftiger. Was du ergriffen hast im Dunkel der Höhle ist ein makelloser Kristall. Tief unter der Erde hat er geschlummert und auf dich gewartet. Nur du kannst sein Licht erwecken. Das Strahlen des Edelsteins umhüllt Idee und Ereignis und immer heller leuchten beide dir entgegen. Der Kristall wirft Tausende von Farben an die Höhlenwände. Es entsteht Wärme in deiner Hand. Fordernd hüllt sie euch ein, während aus den Farben an den Wänden Bilder entstehen. Klar und deutlich erkennst du die Botschaft. Mit jedem Atemzug begreifst du mehr und mehr, wie die Lösung eures Geschickes aussieht. Die volle Erkenntnis verdichtet sich und schlägt als Hunderttausend-Volt-Blitz in den Kristall ein und erzeugt -

Das Feuer

Wuchtig, unmittelbar und ohne jegliche Fluchtmöglichkeit befindest du dich inmitten der Flammen. Gemeinsam mit Idee und Ereignis brennst du. Es brennt dein Körper. Es brennt deine Seele. Es brennt dein Geist.

In diesem hitzigen Prozess verschmelzen alle beteiligten Komponenten zu einem neuen Stück Materie. Das reinigende Feuer wächst in den Himmel, verschlingt die Höhle und bringt das Tageslicht zurück.

Du aber, du kannst nicht anders! Du bist Zeuge des Brennvorganges. Du bist das brennende Material. Du bist das, was in der Asche zurück bleibt. Du bist ein neuer Mensch!

Der Platz

Als dieser findest du dich am Ausgangspunkt deiner Reise wieder. Es ist alles so wie es war. Trotzdem ist alles anders.

Du bist anders. Du hast dich durch die vergangenen Erlebnisse verändert. Dein Blickwinkel auf die Welt ist ein anderer, ein neuer.

Idee und Ereignis sind nun ein wichtiger Teil von dir geworden. Sie haben dich zum innerlichen Wachsen gebracht.

Was passiert nun?

Es kann sein, es wird ganz sicher so sein, dass eine neue Idee bei dir vorbeischaut. Du kannst sie ablehnen oder willkommen heißen, die Lawine ist bereits im Rollen.

Reifezeit

Für mich bedeutet Schreiben Wachstum. Ich weiß, wovon ich spreche. Nimmst du die Gießkanne einmal in die Hand, flutest du deine Gedankenfelder mit Ideen der Worte, beginnst du einen Weg der Auseinandersetzung mit allen dich berührenden Themen. Die

Konfrontation mit diesen Aufgaben zwingt dich zur Offenbarung deiner Meinung.

Du wirfst ein, dass z.B. deine Figuren diese Meinung vertreten und nicht unbedingt du?

Du wirst erleben, dass nicht du sie schaffst, sondern sie zu dir kommen. Das gehört in einen späteren Abschnitt dieses Textes. Da muss ich dich um ein wenig Geduld bitten.

Indem du dich ausdrückst, notierst, was du denkst, erarbeitest du dir einen Standpunkt, den jeder, der es will, lesen kann. So entstehen Reibungspunkte zwischen dir, dem Leser und deiner Umwelt. Du kannst ein innerliches Wachstum nicht verhindern!

Du lebst gefährlich!

Hältst du das aus?
Willst du das wirklich?

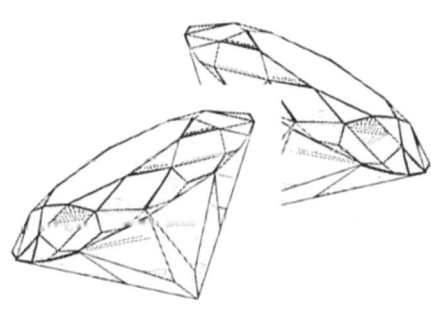

Wer bist Du?

Du fragst mich, wer ich bin?
Ich bin mir selbst ein Mysterium.
Ich bin eine alte Seele, sagen die Schamanen.
Ich bin die Kobra, die weibliche Urkraft.
Warum fühle ich mich dann nicht so?
Also – weiblich schon, aber nicht nach Urkraft.
Ich kann in mir versinken und die Zeit vergessen.
Ich genüge mir selbst und einem anderen Menschen.
Das ist gut so, das brauche ich.
Den Rückhalt, die Leidenschaft, die Träume, die Hilfe, den Schutz der Liebe,
das hält mich am Atmen, Dichten und Fabulieren.
Ich stehe in der Ewigkeit und sehe Leben vorbei ziehen, andere Leben.
Ich habe schon einige gefunden.
Eines davon hält mich umklammert, gibt mich nicht frei, macht sich breit in meinen Gedanken.
Manchmal fühlt es sich an, als würde ich nicht hierher passen, hier nicht hingehören.
Dann gehe ich wieder auf die Suche nach mir, im Innen.
Ich finde Drachen, Zwerge, Zaubergestalten,
Prinzen, Königinnen, kleine Mädchen, große Jungs,
Dämonen und Schurken.

Jeder ist ein Teil von mir. Alle zusammen bin ich.
Macht das Sinn für Dich?
Ich sage Dir nicht alles und gebe doch alles preis.
Such es in Dir, dann findest Du mich.
Die Gemeinschaft derer, die sich schreibend verstehen,
die Bilder malen mit Zeichen und Stift,
das ist Heimat für mich, überall auf der Welt.
Ich reihe mich ein in die Reihen der Schreiber, Dichter, Denker und
Märchenerzähler.
Ich will das Rätsel lösen, das Mysterium ergründen.
Ich will meine Urkraft finden!
Damit ich Dir sagen kann, wer ich bin! (6)

Arzt – Lotse – Wissenschaftler – Schreiben ist erkennen

erkennen: sich erkennen, protokollieren, nachweisen, feststellen, ausloten, diagnostizieren, resultieren (1)

Dumme Fragen

Wer bist Du?
Willst du dich ernsthaft hinterfragen?
Willst du wirklich wissen, warum du so bist wie du bist?
Willst du echt ausloten, welche Ticks du hast?
Willst du deine Ängste und Wünsche protokollieren?

Diagnose Unheilbar

Das ist es, was du tust.
Egal aus welchem Grund.
Egal welche Art des Schreibens du wählst.
Bemerkst du die gedankliche Tiefe der Wörter?
Fühlst du die winzigen Differenzen?
Du kannst viele ersetzen und doch hat deine Aussage dann einen anderen Akzent der Wichtung.
Du wirst dich innerlich zerfleischen, um genau dieses eine Wort zu finden, was zu einhundertfünfzig Prozent das ausdrückt, was du gerade fühlst.
Du wirst weinen, wenn du feststellst, dass die so super gelungene Passage auf einmal nicht mehr schlüssig in deine Story passt.

Du wirst exakt alles notieren, was dir über den Weg läuft. Du musst recherchieren, du wirst Hypothesen aufstellen, sie beweisen oder verwerfen.

Du wirst knurren, wenn der Kristallfund zu lange auf sich warten lässt.

An dieser, genau dieser Stelle deiner Existenz wirst du wissen, dass du infiziert bist.

Du kannst dir selber die Diagnose stellen!

Sauber!

Irgendwann kommt dieser Punkt, wenn du jetzt zu neugierig bist.

Dein Wirken erzeugt Resultate, im Innen und im Außen.

Und sehr wahrscheinlich fühlst du dann die Enge zwischen Couch, Kuchen und Tee.

Nimmst du die Gießkanne in die Hand, füllst du dein Leben mit unbekannten Gewässern. Stürme, Orkane, haushohe Wellen, peitschender Regen, Nebelfronten – das sind ab da deine ständigen Wegbegleiter. Bist du ein guter Lotse, schaffst du es von Zeit zu Zeit ruhiges Wasser zu erreichen.

Noch mehr dumme Fragen

Ich glaube ja immer noch nicht, dass du so viele Dinge auf dich nehmen willst, dass du wahrhaftig schreiben willst.

Du siehst doch, es bringt dein ganzes Leben durcheinander.

Willst du dich und deine Entscheidungen hinterfragen?

Willst du dein bisheriges Leben aufbröseln?

Willst du deine Schwachstellen echt herauskitzeln?

Ja, zu guter Letzt, willst du dich vor aller Augen sezieren?

Hältst du das aus?
Willst du das wirklich?

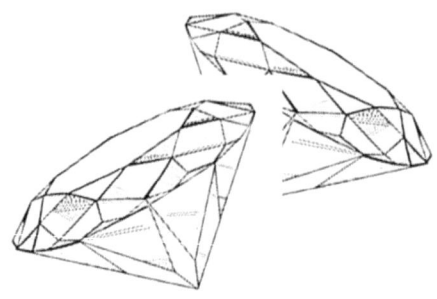

Von Wunden und Kämpfen – Schreiben ist offenbaren

offenbaren: sich offenbaren, enthüllen, bloßlegen, offenlegen, sichtbar machen, sich zeigen, eingestehen, sich selbst bekennen, gestehen, beichten, erhellen, entlarven, (1)

Die Wörter verdeutlichen dir, was du mit Texten tun kannst.
Du bist Reporter, Enthüllungsjournalist, Daumen-drauf-Halter, Pandorra-Büchsen-Öffner, Zeigefinger-Piekser, Geständnis-Detektiv, Märchenerzähler. (und immer auch -in)
Jede einzelne Nuance gilt aber und vor allem zu einhundert Prozent auch für dich!

Du kennst das Sprichwort: „Zeigst du mit einem Finger auf einen anderen, dann zeigen drei auf dich."

Leise und laut

Ich habe ganz leise angefangen.

Nur für mich.

Die Schönheit der Insel überwältigte mich.

Die sanfte Kraft der Wellen berührte mein Herz.

Ich liebte den morgendlichen Weg durch die stillen, einsamen Gassen der Altstadt.

Ich war in Erwartung der von Touristen prall gefüllten, lauten Straßen am Abend.

Tiefblaues Meer, azurblauer Himmel, eine goldene Sonnenkugel und heißer, zärtlicher Wind – wohin mit all den Glücksgefühlen?

Geschichte und Magie in jeder Mauerspalte, überraschende prachtvolle Gärten hinter jeder noch so kleinen Eingangstür. Dazu vor den ehrwürdigen Mauern das Heute und Jetzt.

Die ständig wechselnden Kontraste hoben meine Empfindungen auf eine Ebene, die ich nicht mehr nur innerlich und schweigend ertragen konnte.

Die Euphorie suchte ein Ventil und das fand sie im Schreiben.

Ich schrieb mir die Schönheit, das Geheimnisvolle, all den Zauber von der Seele – nur, um noch mehr davon einsaugen zu können.

Seither war und bin ich süchtig. Süchtig nach Entdeckungen im Außen, die sich im Innen manifestieren in Figuren und Geschichten, um von da nur wieder in's Außen zu drängen.

Es ist ein Kreislauf, mein Kreislauf, mein Lebenselixier!

Ich kann und will nicht mehr ohne all das sein, weil mich all das ausmacht.

Es macht mich besonders!

Es macht mich phantasievoll, glücklich, zufrieden und jeden Tag ein kleines Stückchen größer.

Heute will ich so viele Menschen wie nur möglich erreichen, auf das sie meine Geschichten lesen, verstehen, eventuell aufnehmen und mir, wenn auch nur mit einem Schritt, folgen wollen, um das Glück, mein Glück, hinter den Erzählungen zu spüren und es vielleicht für Sekunden in ihren Alltag integrieren möchten.

Heute kann ich nicht mehr leise sein!

Heute bin ich laut! (7)

So, wie ich dir hier einen Blick in meine Empfindungen biete, so wirst du in deinen Texten oder Zeilen dich zeigen, dein Denken, Handeln und Fühlen.

Der Leser begreift, warum du genauso schreibst, genau dieses Thema wählst.

Schreibst du für dich, um etwas aufzuarbeiten, wirst du dich neu kennenlernen und besser verstehen.

In der Arbeit mit dem Wort wirst du dich von Wunde zu Wunde bewegen. Und es wird sauweh tun.

Verdrängtes steigt nach oben, Vergessenes kehrt eventuell unter Schmerzen zurück.

Du meinst, Gutes auch. Na ja, vielleicht.

Vergiss es !

Ich bin nicht hier, um dir die schönen Seiten am Schreiben zu zeigen! Noch nicht! Erst sollst du dich noch ein wenig in Angst und Qual suhlen.

Du kehrst beim Schreiben dein Innerstes nach Außen, erzählst, warum du so denkst.

Und deine Kämpfe erst!
Du kämpfst mit den leeren Seiten.
Du streitest mit deinem Titel.
Du schlägst dich mit den Wörtern.
Du rennst mit den Zeilen um die Wette.
Du duellierst dich mit deinen Figuren.
Du quälst deine Gedanken.
Du bestreitest deine Erkenntnisse.
Du empörst dich gegen dein Ergebnis.
Du bekriegst deine Wahrheit.
Du meuterst gegen dich selbst!

Deine Offenbarung

Du teilst der Welt mit, dass du schreibst.
Du gibst bekannt, dass du dein Gehirn benutzt.
Deine Ideen und Ergüsse sind in schriftlicher Form festgehalten.
Deine Texte sind auffindbar.
Du zelebrierst deine Meinung.
Du lässt deine Geschichten ab jetzt vom Leben verwalten.
Der Leser kann dich mögen oder zerreißen, lieben oder hassen.
Du gehst raus, weil du denkst, etwas zu sagen zu haben.
Deine Wünsche, Träume, Sehnsüchte teilst du frei zugänglich und freiwillig mit.
An deinen Ängsten und Schreckvorstellungen bist du erkennbar.

Hältst du das aus?
Willst du das wirklich?

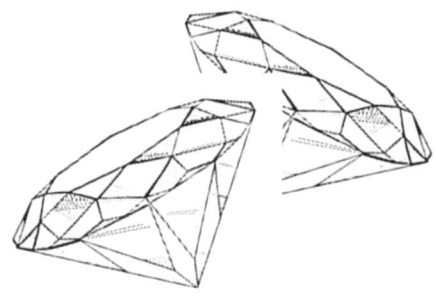

Zwischenwort

Ich sehe schon, du bist immer noch da. Warum?
Hast du trotz deines anfänglichen >Neins< weitergelesen?
Hat sich dein >Vielleicht< auf eine Seite geschlagen oder willst du die Antwort noch finden?
Ist dein erstes >Ja< eins geblieben? Hast du geschwankt ab und zu, ob du bei einer positiven Antwort bleiben kannst?

B – Deine Figuren

Fesselspiele – Schreiben ist spannend

spannend: fesselnd, packend,aufregend, atemberaubend,
mitreißend, faszinierend (1)

So passiert es. So einfach kommen sie in dein Leben. Sie fragen dich nicht unbedingt, ob sie erwünscht sind. Sie drängen sich förmlich auf, um dir ihre Geschichte zu erzählen. Manche kommen, plauschen mit dir und ziehen weiter. Andere versuchen immer wieder, deine Aufmerksamkeit zu gewinnen. Einige kennst du schon dein ganzes Leben.

Eine neue Bekanntschaft

Ich sitze auf dem kleinen Balkon unseres Hauses, der vom Dach überspannt wird. Die Straße liegt leise atmend weit unter mir. Meine Katze liegt entspannt im kleinen Fleckchen Sonne auf dem Boden. Ich genieße mein schwarzes Lebenselixier. Andere nennen es Kaffee. Die feine Ruhe bringt mein Herz zum Leuchten. Plötzlich ein Rascheln. Was war das? Wo kam das her? Vom Dachboden? Vom Dachboden.
Ich lausche weiter dem Geräusch. Es klingt so, als ob jemand über mir einen Gegenstand über den Boden schiebt. Und da ist das Bild! Sein Bild! Ein lustiger Zwerg mit einer Truhe voller gesammelter Geschichten, also Erinnerungsstücken für die Geschichten.
Mein Zwerg. Er schob sich in mein Leben und ist immer noch da. (8)

Der Apfelprinz

„Du bist Hubertus, mein Apfelprinz!"
Hubertus lächelte. Er setzte sich neben Peter auf die alte hölzerne Bank.
Minutenlang herrschte Schweigen, während dem Peter in sich hinein horchte.
Es fühlte sich gut an, hier zu sein, Hubertus neben sich wissend. Ein friedlicher Gleichklang von Harmonie lag über der Situation.
„Sag, Apfelprinz, ist es wahrhaftig so, dass ihr Figuren schon da seid, bevor wir Autoren denken, euch zu erfinden?"
„Wir sind Gedanken, gefüllt mit Emotionen, die sich dann in eurem Erkennen als Figuren manifestieren. Das bedeutet, wir sind eines Teils da, die Hülle sozusagen bekommen wir von euch."
„Ist es auch richtig, dass ihr euch den Menschen aussucht, dem ihr gedanklich erscheint?"
„Das ist in so weit richtig, da wir natürlich Kontakt aufnehmen und das nur können, wenn derjenige dafür offen ist. Würdest du zum Beispiel nur Kriminalromane oder Horrorgeschichten schreiben,
hätten wir uns nicht getroffen. Du bist natürlich nur für das empfänglich, was du dir vorstellen kannst, was innerlich zu dir passt." (9)

Wagst du es? Willst du dich auf solch ständig passierende Überfälle aus einer nicht realen Welt einlassen?

Nein sagst du, du bist kein fantasierendes Kind?

Schade!

Anmerkung: Hier wäre es an der Zeit, deine positive Antwort zu überdenken.

Du stürzt dich mit jeder Idee in ein Abenteuer, faszinierend, unglaublich, erschreckend. Deine Protagonisten packen dich an den Haaren und schleifen dich mit. Denkst du, dass du ihre Geschicke lenkst, merkst du spätestens jetzt, dass es eher anders herum ist. Sie kommen mit ihren eigenen Wünschen und Vorstellungen und es wird ein täglicher harter Kampf für dich, in deinen und ihren Augen zu bestehen.

Du hast angenommen, du sitzt so ruhig vor dich hin und schreibst händisch oder tippend ein paar Einfälle auf?

Irrtum! Sie werden dich jagen und hetzen, deinen Schlaf stören, dich nicht essen lassen. Der Rest deines anderen Lebens wird unwichtig, sie blenden ihn aus für dich.

Abenteuer sind mit Adrenalinschüben und Angstattacken verbunden. Die wirst du haben, jede Menge.

Wird es dir jetzt schon zu viel?

Weiter. Sie werden dich anders sehen lassen, anders hören lehren, wollen, dass du anders schreibst als bisher.

Du weißt, sie existieren nur in deinem Kopf.

Ähm, bist du sicher?

Denn wenn ihre Geschichte auserzählt ist, wird dir auffallen, dass deine Welt eine andere ist.

Du brauchst Zeit um zu verarbeiten, dass, was du getan hast, dass, was deine Figuren taten.

Ehe du den gesamten Dschungel der Welten sortiert hast, oh Wunder, steht ein neuer Gast auf deiner Schwelle.

Sagst du jetzt >Oh mein Gott!<?
Bleibt dein >Nein< ein >Nein<?
Kippt das >Vielleicht< zum >Nein<?
Wird aus deinem so sicheren >Ja< doch noch das Gegenteil?

Hältst du das aus?
Willst du das wirklich?

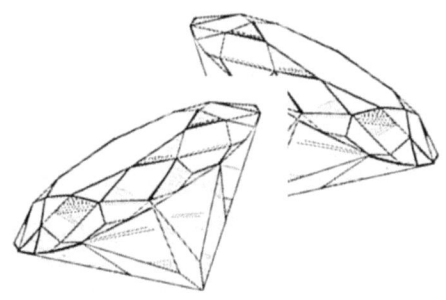

Auf der Wörterautobahn – Schreiben ist reisen

reisen: wandern, herumstreifen, ausfliegen, herum gondeln,
        stromern, pilgern,touren (1)

Bist du gern unterwegs? Inspirieren dich neue Orte und Länder?
Fieberst du neuen Bekanntschaften entgegen?
Im „normalen" Leben tust du das sicherlich.
Bist du aber auch bereit, mit deinen Geschöpfen die Reise anzutreten?
Diese Reise bedeutet, dich zurückzunehmen, deine Figuren bestimmen zu lassen. Du musst ihnen die Karte in die Hand geben. Sie suchen Orte und Zeiten der Begegnungen aus.
Diese Art zu reisen ist eine Reise zum Mittelpunkt deiner Kreaturen. Du nimmst den Weg auf dich, um zu erforschen, was sie sind, wer sie sind, warum sie sind und was sie von dir wollen.
Diese Art zu reisen ist nicht nur eine Aufzeichnung eures, ihres Weges.
Es gilt, mit deinen Figuren zu kommunizieren. Auch das ist eine Wörterautobahn. Sprich mit ihnen, gib ihnen Zeit, sich dir gegenüber zu erklären. Je genauer du fragst, um so klarer werden Weg und Ziel eurer Aufgabe.

Die Übung

Schließt eure Augen. Ruft euch eure Hauptfigur ins Gedächtnis, die ihr vorhin schriftlich beschrieben habt. Stellt sie euch vor, ihr Aussehen, ihre Haltung, ihre Kleidung. Ich zähle nun bis Fünf. Bin ich bei der Zahl Fünf angekommen, werdet ihr eure Hauptfigur treffen.
Hört und seht genau hin, was sie euch sagen will. Die Stimme der Übung, der Peter die ganze Zeit aufmerksam zugehört und sich durch sie hatte führen lassen, verstummte.
Leise und sacht klang nur die Musik weiter zu ihm durch.
Er aber, er stand seiner Hauptfigur gegenüber.
Erschrocken wich er einen Schritt zurück. Sein Held schnaubte und spie wütend Feuer aus sieben Kehlen.
„Dass du dich hierher traust! Ich sollte dich in Stücke reißen oder verbrennen lassen in meinen Feuern!"
Sieben Augenpaare blickten ihn hasserfüllt an. Sieben schuppige Köpfe schwankten drohend über ihm auf sieben schuppigen Hälsen.
Die lebende Kuppel senkte sich immer tiefer über Peter, der kaum noch Luft bekam in dieser Hitze geschwängerten Luft.
„Was soll das, Siebenkopf? Warum bist du so ärgerlich?"
„Ich bin nicht ärgerlich, sondern feuerdrachenheissblütig wütend und will nicht so heißen. Nenn mich nie wieder Siebenkopf!"
„Aber Siebenkopf, warum denn nicht?"
Der Drache brüllte auf. Aber es klang eher gequält als bösartig. Er

zog sich ein Stück zurück und legte seine Köpfe müde auf den Boden.

„Es hat ja doch keinen Zweck."

Es klang traurig und resigniert, als der Drache jetzt schnaubte.

Peter erinnerte sich, wie und warum er hierher gelangt war.

„Entschuldige, aber du hast mich so überrumpelt. Ich hatte nicht erwartet, dass du so böse auf mich bist."

„Ich habe der Übung gleich gesagt, dass es nichts bringt, dich zu treffen. Du hast mich bisher ignoriert, warum sollte es heute anders sein."

„Aber Siebenkopf, oh nein, entschuldige nochmals."

Peter war völlig ratlos.

„Du bist doch zu mir gekommen und wolltest ein Held sein!"

„Das ist so weit auch richtig. Aber ich wollte ein Held sein mit meiner eigenen Geschichte und nicht mit deinen phantasielosen hölzernen Erfindungen, die weder logisch noch interessant sind."

„Ich kann dir nicht folgen."

„Du hast in den letzten Tagen so viel gesehen und gehört. Dein Problem ist, dass du es nicht anwenden kannst, weil du es nicht willst."

„Aber, aber Sie -"

„Nenn mich nicht so. Bitte!"

„Okay, aber jeder braucht einen Namen. Wenn dir meiner nicht gefällt – hast du einen besseren?"

„Ich möchte, dass du mich Flammenkrieger nennst."

„Flammenkrieger?

Flammenkrieger.

Flammenkrieger!

Warum nicht. Das klingt gar nicht so übel."

„Nicht übel? Das ist meine Bestimmung!"

„Gut, ich nenne dich ab sofort Flammenkrieger. Nun sag mir, Flammenkrieger, was will ich nicht?"

„Das ist einfach zu erklären. Du willst von deiner Idee der Geschichte nicht abweichen, weil du die Kontrolle darüber nicht verlieren willst. Du hast Angst, dass etwas entsteht, dass du dich mit etwas beschäftigen musst, was du bisher erfolgreich verdrängst. Übrigens in allen deinen bisherigen Geschichten."

„Ich verdränge gar nichts!"

„Du verdrängst es so stark, dass du nicht mal mehr weißt, aus welchem Grund dich die Schwestern Wissen und Übung heute zu mir geschickt haben."„Weiß ich wohl!"

„So? Was ist das Thema heute in der Jahrhundertaula?"

„Das Thema?"

„Peter, es ist besser, du kehrst in deine Realität zurück. Ich danke dir für meine Namensänderung. Aber der große Rest bleibt von dir leider unentdeckt. Wir können dir nicht einmal helfen, wenn wir leibhaftig vor dir stehen und mit dir sprechen, damit du begreifst, dass wir real sind und leben so wie du."

Der Drache drehte sich trotz seiner Körperfülle lautlos um. Seine Köpfe folgten seiner veränderten Richtung. Langsam setzte er einen Fuß vor den anderen und entfernte sich so von Peter.

Der hatte ihm zugesehen und seinen Worten nachgehangen.

„Warte! So warte doch, Flammenkrieger! Ich weiß es doch. Im Vortrag heute geht es um das eigenständige Leben von euch Figuren und dass sich der Autor mit ihnen unterhalten soll."

Ein Drachenkopf schwenkte nach hinten und sah Peter an.

„Unterhalten? Worüber?"

„Über, über, warte! Sie hat gesagt, ihr habt andere Vorstellungen von der Geschichte, manchmal."

Kopf Nummer Zwei schwang herum.

„Andere Vorstellungen?"

„Nun, ich denke, so wie du es gerade gesagt hast. Du willst es doch auch anders als ich."

Der Drache war stehen geblieben und der nächste Kopf blickte rückwärts.

„Was hat sie noch gesagt?"

„Wer hat... du meinst das Wissen? Ja, klar. Sie hat noch gesagt, dass ihr Figuren euch den Autor aussucht, weil nur er eure Geschichte richtig erzählen kann."

Kopf Nummer Vier drehte sich blitzschnell in Peter`s Richtung. Irrte er sich oder sah er ein leichtes Lächeln in diesem Augenpaar seines Drachens?

„Und warum haben sie dich her geschickt?"

Peter machte einige Schritte auf Flammenkrieger zu.

„Sie haben mich entsandt, damit ich mit dir rede. Jetzt macht es klick, Flammenkrieger. Ich soll mit dir sprechen, damit ich erfahre, wie du die Geschichte erzählen möchtest."

Kopf Nummer Fünf stellte eine Frage:

„Begreifst du auch, dass meine Geschichte in Teilen anders verlaufen könnte, als die von dir geplante?"

Peter nickte.

Flammenkrieger drehte sich vollständig zu Peter.

„Weißt du auch, dass du sie damit loslassen musst, deine Idee von deiner Geschichte?"

Wieder nickte Peter.

„Willst du sie hören, meine Geschichte? Bist du bereit, diese Veränderung in dein Leben aufzunehmen?"

„Ich weiß noch nicht so richtig, was das für mich bedeutet. Aber ich habe seit kurzem eine befreite Neugier und die will, dass ich auf diese Forderung eingehe."

„Sehr gut, Peter. Das ist mutig von dir und außer mir werden dir sehr viele andere dafür dankbar sein."

Der Drache legte sich bequem nieder und winkte Peter, es ihm gleich zu tun. Dann begann er zu erzählen.

Er sprach sehr bildhaft und die sieben Köpfe wechselten sich dabei ab. Während Flammenkrieger sprach, nahm Peter jedes Wort in sich auf. Mit jeder Szene wurde er aufgeregter, neugieriger, lebendiger.

Plötzlich fiel er dem Drachen ins Wort. Nun redeten beide, erfanden dazu, ergänzten gegenseitig Bilder und Ereignisse.

Es sprudelte aus Peter heraus. Als er bemerkte, dass nur er noch sprach, hatte Flammenkrieger schon längst aufgehört zu reden.

Peter sprang auf die Beine und umarmte den ihm am nächsten schaukelnden Kopf.

„Das ist großartig, Flammenkrieger!" (10)

Das findest du jetzt arg übertrieben?
Du meinst, dass gehört niemals zum Thema?
Diesen absurden Hokuspokus machst du nicht mit?
Anmerkung: Hier wäre es an der Zeit, deine wenn noch positive Antwort zu überdenken.

Hältst du das aus?
Willst du das wirklich?

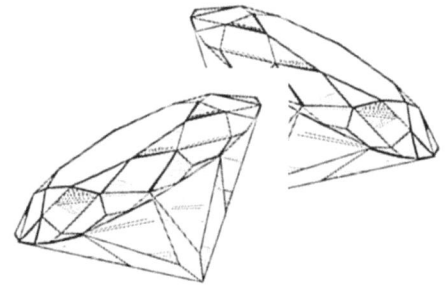

Erfülle euer Schicksal – Schreiben ist geben

geben: bieten, schenken, zuwenden, überlassen,
spendieren, mitgeben, darbringen, opfern,
verschwenden, widmen, sich hingeben (1)

Treffen in Grau

Während des lockeren Plausches über Figurina`s Parfüm hatte Peter nicht mehr auf seine Umgebung geachtet. Als Figurina jetzt seinen Fokus wieder auf die momentane Situation lenkte, erschrak er doch etwas. Noch vor wenigen Augenblicken hatte er in einem blühenden Garten gestanden, voller phantastischer Blüten und Farben.
An diesem Ort war es grau und eine alles überspannende Traurigkeit wühlte sich in seine Poren und trieb ihm salzige Tränen in die Augen. Peter schluckte. Er suchte mit der Hand nach Figurina, nach ihrem Arm oder Kleid, um den Halt nicht zu verlieren.
Die Hüterin war verschwunden. Statt ihrer traten andere Wesen rund um ihn heran. Sie gingen allesamt leicht gebeugt, den Kopf gesenkt und wenn er einen Blick erhaschen konnte, schauten ihn leere, traurige, mit Wehmut gefüllte Augen an. In ihren Kleidern, auf ihrer Haut und vor allem natürlich in ihren Blicken fehlte jeglicher Glanz.
Peter drehte sich langsam um seine Achse und betrachtete die menschlichen und anders artigen Geschöpfe. Mit jeder Sekunde schärfte sich sein Blick. Ein Raunen ging durch die Versammelten, erst leise, dann so laut, dass er verstehen konnte, was sie sagten.
„Er erkennt uns! Freunde, er erkennt uns!"
„Entschuldigung. Es ist richtig, dass ich glaube, euch schon einmal begegnet zu sein. Aber kennen, nein. Ich kenne euch leider nicht."
Eine höhnische Stimme hinter ihm polterte ihn an:

„Das war so klar! Wie kannst du uns auch kennen, wenn du dich nie auch nur um uns bemüht hast!"

„Ja, richtig. Ohne Liebe werden wir geboren, benutzt und ohne uns zu fragen, hast du uns in ein Gefängnis deiner Wahl eingesperrt!"

Peter hob entsetzt die Hände über den Kopf.

„Um Gottes Willen! Wer seid ihr! Woher kommen eure so grausigen Vorhaltungen? Ich habe keine Ahnung, was ihr von mir wollt. Erklärt euch!"

Ein kleines, hässliches, affenähnliches Wesen trat nahe an ihn heran und schaute ihn von unten her an.

„Peter, erkennst du uns wirklich nicht? Nimm dir Zeit, schau uns an und horche in dich hinein, bitte!"

Peter senkte die Arme. Das zottelige Etwas vor ihm hatte eine klare, sanfte Stimme und war ihm, ja, irgendwie vertraut. Nun griff es nach seiner Hand.

„Wie heiße ich, Peter? Denk nach, erinnere dich."

Tränen kullerten aus den großen hellen Augen. Nicht doch, es waren Perlen. Ja doch, diese Kreatur wurde gefangen gehalten und gequält, um Perlen zu weinen.

Peters Augen weiteten sich in einem ersten Verstehen.

„Das kann nicht sein, oder? So einen wie dich habe ich in einem meiner Fantasy-Romane beschrieben. Du warst dabei der Retter des Königreiches.

Ein Strahlen trat in die Augen des Affen.

„Ja, Peter, ja. Wie heiße ich?"Peter kramte in seinem Gedächtnis, suchte die Schublade mit dieser Geschichte. Dann hatte er die richtige gefunden.

„Das Buch heißt – die Tränen des Affenkobolds – und, und der bist du. Du bist Zoto!"

Der Kobold riss die langen Arme nach oben, machte einen Satz, sprang an Peter hoch und umklammerte ihn mit Armen und Beinen. Die besagten Perlen fielen als Strom unablässig zur Erde.

„Hurra! Ja, ich bin Zoto! Du hast mich erkannt! Danke, danke, Peter!"

Damit sprang Zoto zurück auf den Boden. Dort, wo die Perlen aufgekommen waren, sah man nun Keimlinge und erste Blüten und Gräser.

„Freunde, er hat mich erkannt! Er wird uns alle erkennen! Es besteht Hoffnung für uns!"

Ein ungeahnter Jubel brach unter den Anwesenden aus. Plötzlich war auch Figurina wieder neben Peter.

„Nun, du hast Zoto wiedererkannt. Was ist mit den anderen?"

Peter blickte sich um. Stille senkte sich über den Platz. Jeden einzelnen betrachtete er genau.

Aber das konnte unmöglich sein?

Er schaute Figurina an.

„Doch, Peter. Es ist so. Ich kann deine Gedanken lesen. Hast du vergessen, wer ich bin?"

„Du bist die, warte, wie hast du es genannt, die Hüterin aller literarischen Figuren."

Dieser Blitzschlag der Erkenntnis konnte nicht heller im Geist, tiefer im Herzen einschlagen. Peter griff, Hilfe suchend, nach einem Halt. Die Hüterin umfasste seine Schultern.

„Da du nun verstanden hast, begrüße bitte jeden hier mit seinem Namen und gib ihnen so ihre Würde zurück. Alles andere erkläre ich dir anschließend."

Damit schob sie den noch immer wie gelähmt dastehenden Mann näher an seine Erfindungen heran.

Peter schaute sich den ersten vor sich an.

„Du bist Gorgos, der Recke, richtig?"

Das Muskelpaket spannte sich im Nu voller Stolz und hob den Blick.

„Ja, das bin ich!"

Peter wandte sich an die nächste Figur, eine junge Frau.

„Du bist... du heißt Josefine."

Das Antlitz des Mädchens, eben noch grau umwölkt, strahlte im selben Augenblick wie eine Sonne.

„Ja, so heiße ich!"

Er lief nun von Figur zu Figur, Mensch, Wesen, Tier. Immer schneller lief Peter, immer einfacher fielen ihm die Namen seiner Schöpfungen ein.

Zum Schluss rannte er, als gelte es, einen Olympiasieg einzufahren.

Im Laufen zeigte er auf den- oder diejenige und rief laut, immer lauter ihre Namen. Sie fielen ihm alle ein – er vergaß keinen.

Nach dem letzten gerufenen Namen hielt er an. Peter staunte über sich selbst. Er war nicht müde, energielos, schwer atmend. Er fühlte sich so gut wie noch nie in seinem Leben.

Um ihn herum standen strahlende Krieger, Feen, Geister, Recken, Zauberer, Könige. Ein Leuchten ging von ihnen aus, ein helles, warmes Licht, was sich in sein Herz senkte. Sie standen gemeinsam auf einer grünen Wiese, über ihnen strahlte ein klarer blauer Himmel. Nichts erinnerte mehr an das traurige Grau zu Beginn dieses Treffens.

Der Kobold Zoto trat noch einmal vor.

„Im Namen aller deiner Figuren danke ich dir dafür, dass du uns nicht vergessen hast und unsere Namen kennst. Du hast uns unsere Würde zurückgegeben. Wir wissen jedoch, dass noch ein weiter Weg vor dir und uns liegt. Wir glauben aber, dass wir dir vertrauen können und freuen uns auf eine glückliche Wiederbegegnung."

Seine Figuren verneigten sich grüßend vor Peter und zogen singendund lachend davon.

Peter schaute ihnen nach, immer noch fassungslos und trotzdem voller Adrenalin.

„Figurina, ich fürchte, ich habe immer noch nicht völlig verstanden, was hier gerade passiert ist!"

„Dafür bedarf es noch weiterer Treffen und Übungen, um das zu können. Für`s erste spüre ich deinen Stolz und die Freude über die von dir geschaffenen Kreaturen."

„Es ist so lange her, das ich mir über jeden einzelnen Gedanken gemacht und sie aus der Vergangenheit geholt habe."

Peter machte eine Pause.

„Wenn ich ehrlich bin, habe ich das noch nie gemacht. Ich habe sie erdacht, bewegt -"

„Und dann allein gelassen."

Figurina hatte seinen Satz beendet.

„Heute hast du ihnen gezeigt, dass sie dir nicht gleichgültig sind. Und du musst zugeben, dass du stolz darauf bist, sie geschaffen zu haben."

„Sag, warum waren sie so traurig, was ist das mit der Würde und welcher Weg liegt noch vor mir?"

„Du wirst es verstehen, wenn du alles gesehen hast, was ich dir zeigen will. Wenn du alle getroffen hast, die ich dir vorstellen möchte." (11)

Deine Figuren kommen zu dir, weil sie etwas wollen. Sie haben Wünsche und Träume und bitten dich um deren Verwirklichung. Wichtig dabei – in ihrem Sinn.

Gib deinen Darstellern das, was sie brauchen, um ihr Leben fantastisch leben zu können. Gib ihnen alles, was dir möglich ist, damit sie es dürfen.

Du und deine Geschöpfe, ihr bedingt einander. Widme dich ihnen mit deiner Herzenergie.

Du gehst bei jeder neuen Gestalt einen neuen Vertrag ein: Dauer, Rahmen der Geschichte, Aufgabe, Erfüllung, Ablauf, Ziel für deine Figur, Ziel für deine Persönlichkeit.

Lass sie nicht hängen!

Du kannst nicht halbherzig schreiben. Ist die Geschichte nicht so, wie von den Figuren gewünscht, hangelst du dich nicht nur von einer Schreibblockade zur anderen, weil sie dich bremsen. Du sollst ihren Weg wiederfinden und weiter darauf gehen.

Du selbst bist und bleibst unzufrieden mit deiner Story. Du merkst instinktiv, dass etwas fehlt oder nicht stimmig ist.

Und welcher Leser liest schon ein halbes unfertiges Buch?

Gib alles beim Schreiben.   Erschaffe deine Helden!

Schreiben ist ein Marathonlauf. Hast du die Ausdauer?

Schreiben ist das Stemmen von Aufgaben. Hast du die mentale Kraft?

Schreiben ist das Finden deines Selbst mit Hilfe deiner Figuren und Texte.

Hältst du das aus?
Willst du das wirklich?

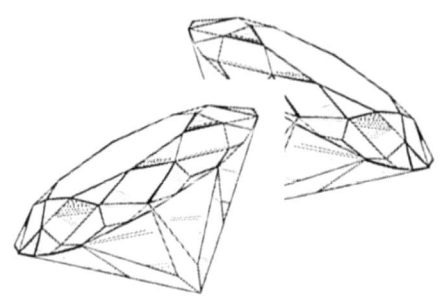

Freiheit – Schreiben ist loslassen

loslassen: trennen, befreien, separieren, entflechten,
           entfernen, abnabeln, freilassen (1)

Du hast deinen roten Faden. Du hast alle deine Schachfiguren, die
weißen und die schwarzen.
Du hast deine Vorstellung deiner Geschichte.
Deine Figuren haben allerdings ihre Version ihrer Geschichte!
Willst du das Spiel gewinnen?
Dann gibt es einige Punkte zu beachten!

Leg deinen roten Faden nur locker um deine Schreibhand. Lass ihn laufen und lass deine Story los!

Trenne dich von deinen Vorstellungen, wie es läuft, wer mit wem und wer gegen wen agiert. Indem du das tust, bekommen deine Figuren ihren Freiraum und wissen, sie können dir vertrauen.

Deine Figuren sind wie deine Kinder. Du kannst sie lieben, versorgen, betüteln, lehren, beschützen, erziehen. Doch irgendwann in euer beider Leben kommt ein Punkt, wo du loslassen musst. Deine Kinder werden erwachsen, wollen sich ausprobieren, selbstständig entscheiden über ihnen wichtige Dinge.

Es fällt schwer, dass zu verstehen und vor allem wirklich zu tun. Du beobachtest von der Ferne, du bleibst heimlich wach, bis sie nach Hause kommen, du kontrollierst ihre Wege und Freundschaften. Kriegen sie auch nur im Vorbeijagen mit, dass du versuchst,sie zu sabotieren, dann brennt das Kinderzimmer. Es kracht und poltert und es wird sehr laut!

Eine absolute Kopie solcher Situationen ist der Umgang mit deinen Figuren. Versichere ihnen, dass du sie begreifst und versichere dir, dass du den Überblick behältst. Lass sie auf ihren eigenen Füßen gehen, ihren eigenen Kopf benutzen, ihre Geschichte abspulen. Du darfst sicherlich eingreifen, genau wie bei deinen Kindern und anderen Situationen, wenn es total aus dem Ruder läuft. Aber du musst es zulassen, wenn sich deine Geschöpfe für einen anderen als deinen Weg entscheiden.

Ich versichere dir, indem sie sich abnabeln und von deiner Story separieren, befreien sie sich und somit ihre und deine Geschichte von allen Irrtümern, denen du unterliegst.

Das verstehst du jetzt nicht?

Was, dass du Figuren erfindest und sie dann einfach gehen lässt?

Du glaubst nicht, dass so wirklich ein Buch geschrieben werden kann? Noch dazu mit einer vernünftig ablaufenden Handlung?

Anmerkung: Hier wäre eine deiner letzten Möglichkeiten, deine

wenn noch immer positive Antwort zu überdenken.

Du weißt auch bereits, was jetzt kommt, oder?

Hältst du das aus?
Willst du das wirklich?

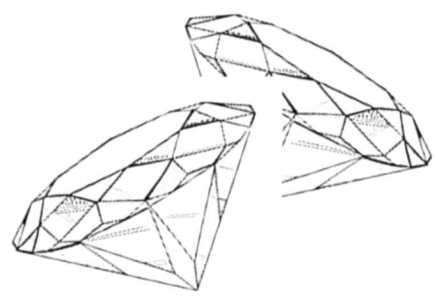

C – Du und deine Figuren

Der Goldgräber – Schreiben ist entdecken

entdecken: freilegen, ausgraben, aufspüren, ermitteln,
ergründen, erforschen, erblicken, erkunden, (1)

Steilvorlage Leben

Ich habe es wieder getan!
Habe mich ablenken lassen von fremden Meinungen, den Vorgaben unserer Zeit, den Zielen und Wünschen anderer.
Ich habe dabei Zeit verloren, unaussprechliche kostbare Lebenszeit.
Das war mein erster Gedanke.
Dabei habe ich mich selbst verloren.
Das war mein erstes Gefühl.
Mein Körper ist meiner Seele gefolgt , die „Halt!" gerufen hat, immer und immer wieder.
Das Ergebnis des Abweichens von meinem Kurs war erzwungener Stillstand.
Ruhe.
Zeit.
Ruhe und Zeit für Gedanken, Reflektionen, Überlegungen, Rückblicke.
Überraschung!
Ich habe etwas gefunden.
Welch eine interessante Entdeckung!
Dabei habe ich mich wiedererweckt.
Was für ein tolles Gefühl!
Seitdem steht mein Stift nicht mehr still.
Die Gedanken rasen über die Ideenautobahn.
Sie werden zu Geschichten, Märchen, Erzählungen.

Ich habe so viel gewonnen, so viele unaussprechlich kostbare Einblicke in unsere Welt, die Beziehungen und Gefühle der Menschen.
Vor allem auch in die Abgründe der menschlichen Seele.
Ich bin vom Weg abgekommen, meinem Weg, für eine kurze Zeit.
Doch ohne diesen Umweg wären mir so viele Erkenntnisse und Erlebnisse verborgen geblieben.
Das wäre ein nicht wieder gut zu machender Fehler gewesen.
Das Leben schreibt die besten Geschichten! (12)

Obacht!

Deine Geschöpfe sind deine Nuggets, die du als Goldgräber aus dem Dunkel der anderen Welt ausgräbst. Sei aufmerksam und vorsichtig. Die Goldader zu finden, ist nicht immer so einfach.

Gib deinen Nuggets Zeit zu wachsen. Sie müssen bei ihrer Entstehung schon den Umgebungsdruck aushalten, der sie zu dem macht, was sie sind. Ihnen geht es so wie dir. Auch du interagierst mit deinem Umfeld, ob nun bewusst oder unbewusst, selbst entscheidend oder gesteuert.

Ihr seid euch ähnlich, du und deine Figuren. Ihr habt ein Aussehen, eine Vita, einen Lebensraum, Aufgaben und Träume. Der eine wie der andere will sich verwirklichen.

Du bist nichts ohne deine Figuren und deine Figuren nichts ohne dich!

Du kannst auch an der falschen Stelle buddeln und nichts geschieht. Das passiert immer dann, wenn du glaubst, es geht nach deinem Kopf. Deine Nuggets zeigen sich, wenn für euch beide die Zeit richtig ist um sich zu treffen.

Klingt nach Arbeit? Ist es auch. Es könnte mit der Zeit einfacher werden, wenn du dich drauf ein lässt.

Klingt nach Geduld? Braucht es. Jeder, du wie auch deine Geschöpfe müssen reifen.

Klingt nach emotionaler Aufarbeitung? Sicher doch! Nur, wenn du in dein Ich schaust und in das deiner Protagonisten, findest du euren Weg.

Die großen Entdecker der Vergangenheit nahmen viel auf sich, um neue Welten zu finden, neue Verbindungswege zu erkunden, neue Geschäfte einzufädeln, wundersame Dinge aus der Ferne heran zu schaffen, Rekorde aufzustellen. Einige von ihnen taten das für den größten Preis des Lebens.

So weit musst du nicht gehen, aber Schmerzen, Abschiede und viele kleine „Tode" kann ich dir hier und jetzt versprechen, neben den anderen erfreulicheren Ereignissen.

Hältst du das aus?
Willst du das wirklich?

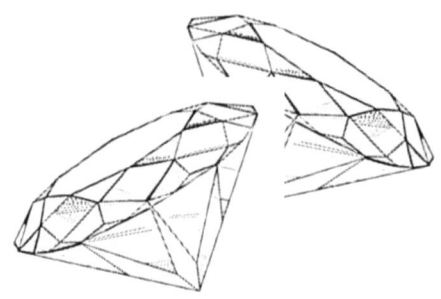

Das Versteckspiel – Schreiben ist finden

finden: sich finden, ausfindig machen, enttarnen,
      wiederfinden, sichten, sich ergeben (1)

Du kennst sie alle, die Filme, die uns entführen an exotische, nicht existierende, tief in der Erde liegende Plätze, auf Planeten, in Parallelwelten, in die Vergangenheit, in die Zukunft.
Wir gehen auf die Reise, lassen uns entführen, lieben, hassen, streiten, schreien mit unseren Helden, raufen mit unseren Gegnern.
Aber!

Wir wissen, wir sind sicher. Wir sitzen gemütlich in einem weichen Sessel. Ist der Streifen zu Ende, das Licht geht an, finden wir uns am alten, vorher eingenommenen, Platz wieder. Um uns herum hat sich nichts verändert. Du hast dich nicht verändert.

Beim Schreiben jedoch musst du dich darauf gefasst machen, dass jeder deiner Kopfkinostreifen Konsequenzen hat.

Den Kern der Figur heraus zu arbeiten heißt die Botschaft zu finden, die sie für dich und nur für dich hat. Dich mit der Figur auseinanderzusetzen heißt, zulassen, dass sie dich berührt, etwas in dir auslöst, dich in Frage stellt und verändert.

Du kannst nicht verhindern, dass du dich mit deiner Figur entwickelst, Aussagen neu definierst.

Du hältst tiefe innere Zwiesprache mit deinem Geschöpf. Du gehst seinen Gedanken auf den Grund und es nimmt dich auseinander.

Deine Kreaturen spiegeln dich in Sequenzen deines Denkens und Handelns. Sie ringen mit dir um Meinungen, kämpfen mit dir gegen ihre und deine Ängste, reißen gemeinsame Mauern ein. Am Ende seht ihr euch nackt und bloß. Dann weiß jeder alles vom anderen. In diesem Moment habt ihr euch enttarnt und ergebt euch dem anderen. Ihr findet zusammen und ihr findet euch. Ihr müsst euch nichts mehr vormachen und könnt Tacheles miteinander reden. In der neuen Art der Kommunikation, der absolut ehrlichen, findet sich jeder wieder, mit neu erarbeiteten Ideen, Aussagen, Meinungen, Situationsbildern.

Die Figur ist angetreten, dir ihre Geschichte zu erzählen. Doch diese ist genauso wenig absolut feststehend wie es eure Charaktere, Wege und Ziele sind.

Du fühlst dich auf den Arm genommen von mir? Probier es aus! Mach deine eigenen Erfahrungen!

Willst du wirklich so viel über dich wissen?

Willst du dich finden, enttarnen, wiederfinden und dich dir ergeben?

Willst du ernsthaft, dass die Welt an deinen Kämpfen teil hat?

Hältst du das aus?
Willst du das wirklich?

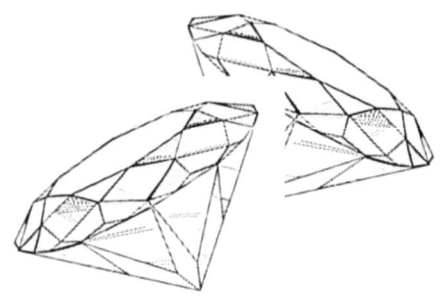

Der Knoten – Schreiben ist lösen

lösen: sich lösen, erlösen, knacken, entziffern, freimachen,
auflösen, dahinterkommen (1)

Schreiben ist Beschäftigung mit dem Sein, ist Auseinandersetzung
mit Gedanken, Vorstellungen, Ereignissen.
Lösen ist ein >sich lösen< von etwas. Lösen lassen sich aber auch
gestellte Aufgaben.
Löse die Aufgabe, die dir deine Figur mit ihrer Geschichte auf den

Tisch gelegt hat. Sie hat dich damit beauftragt, keinen Nachbarn, keinen Freund, keinen Arbeitskollegen. Dich!

Dich, weil sie dir vertraut, weil du energetisch auf ihrer Wellenlänge liegst.

Löse du dich von falschen Vorstellungen über das Schreiben, über den Fakt, was es heißt, ein Autor zu sein.

Knacke den Code deines Lebens. Nutze das Schreiben als Vehikel und finde heraus, warum du hier bist.

Mach dich frei von deinen Unzulänglichkeiten. Du bist so gut, wie du bist. Kein anderer könnte die Geschichten so schreiben wie du!

Erlöse deine Figuren aus dem Schattendasein. Bring sie auf die Welt und lasse sie mit ihren Geschichten leuchten!

Erlöse dich aus der Ungewissheit, ob du es kannst. Du lernst beim machen, du wirst Fehler korrigieren, wenn es denn welche gibt.

Gib deine Seele frei und schau, was du bewegen kannst!

So viele Sachen, die du tun sollst.

So viel, was du lernen sollst.

So viel, was du verstehen sollst oder auch darfst.

Hältst du das aus?
Willst du das wirklich?

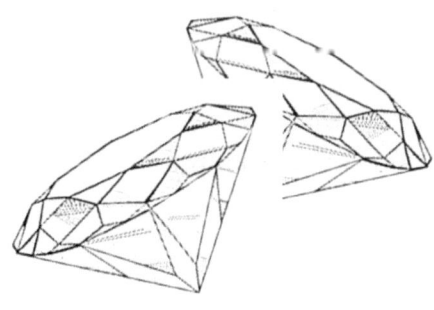

Spiel, Satz und Sieg! - Schreiben ist leben

leben: sein, da sein, bestehen, atmen, wohnen, sich
      aufhalten, verbringen, bewohnen, lebendig sein (1)

Dein Leben, dein Dasein, deine Tage, deine Nächte, deine Stunden, deine Minuten reihen die Augenblicke wie Perlen auf eine Kette. Willst du nichts verpassen, dann schau hin, hör hin, schreib auf! Nichts ist zu klein, zu unbedeutend, als das man es nicht schriftlich festhalten und bewahren könnte. Ernst geht immer, aber fröhlich auch. Beispiel gefällig?

Intelligentes Morgengespräch

„Es wird Zeit, aufzustehen.“
„Mhm.“
„Sonst kommt der Bettschuppser.“
„Der wer?“
„Der Bettschuppser. Der schuppst dich aus dem Bett. Ich habe mir sagen lassen, der ist so groß wie der Steinbeißer.“
„Du glaubst auch alles, was man dir erzählt. Der Bettschuppser ist ein Zwerg und steht schon vor deinem Bett.“
„Oh, richtig. Schau nur, wie er die Faust nach oben streckt und wütend schüttelt. Der ist ja winzig!“
„Sag ich doch. Gib uns noch fünf Minuten.“ (13)

Das Leben ist ernst und lustig, traurig und fröhlich, leicht und schwer, unsinnig und sinnvoll.

Was wäre das Leben, hätten wir nicht den Mut, etwas zu riskieren?

Vincent van Gog

Trenne dich nicht von deinen Illusionen. Wenn sie verschwunden sind, wirst du weiter existieren, aber aufgehört haben zu leben.

Mark Twain

Ein Leben ohne Freude ist wie eine weite Reise ohne Gasthaus.

Demokrit

Das Leben genießen, indem du es beobachtest, bewertest, veränderst, aufschreibst, verzerrst, ausschmückst, neu erschaffst – das heißt das Leben wirklich sehen.

Die Autorin

Leben bedeutet atmen, Zeit verbringen und lebendig sein. Dazu gehören auch Tränen, Trauer, Verzweiflung und Angst. Du kannst dich damit auseinandersetzen und dir beim Schreiben über deine Gefühle klar werden und wie wichtig oder unwichtig sie für deinen weiteren Weg sind. Auch das Lachen und die Liebe gehören dazu. Schreibe diese lebendigen Geschichten auf. Sie helfen dir in gewissen Stunden über das Tal der Unzulänglichkeit oder den Berg der Anstrengungen hinweg und sie erfreuen gleichzeitig andere, die eine Abwechslung vom täglichen Allerlei suchen. Der feine

Widerspruch, dass sie dann auch Geschichten aus dem Leben lesen, macht das Leben und Schreiben lesens- und schreibenswert.

Schreibst du, findest du deine guten und schlechten Seiten, deine Engel und Teufel, deine Feen und deine Dämonen. Und du findest deine Stärken und Talente, deinen Humor, deine Liebe, deinen Mut, dein Selbst.

Hältst du das aus?
Willst du das wirklich?
      Hältst du das aus?
      Willst du das wirklich?
            Hältst du das aus?
            Willst du das wirklich?

- DANN -

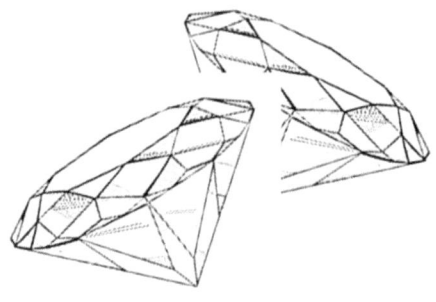

Leg los! Fang an! Versinke!

Meine größte Stärke

Ich bin pure Intuition.
Ich finde in jedem Ort, jedem Gegenstand, in jedem Tier und jeder Pflanze die wunderbarsten Figuren.
Ich bin reine Fantasie.
Ich sehe die Geister, die allem innewohnen. Ich kann sie rufen. Meine Verbindung zu ihnen ist so tief, dass sie mich besuchen, sich zeigen und mit mir kommunizieren, wann immer sie das Bedürfnis dazu haben.
Ich bin übersprudelnde Kreativität.
Ich erkenne in jedem Moment, jeder Situation, jedem Geschehen, meine zu erzählende Geschichte.
Ich bin die Zeitlose.
Ich bewege mich in allen Ebenen und Sphären der sichtbaren und der unsichtbaren Welt und verwebe meine Figuren mit Hilfe meiner Musen und Geister zu ewig lebenden Erzählungen. (14)

Leg los! Fang an! Versinke!

Versinken: leider bei Textor nur negativ belegt,
für mich kann das sein => eintauchen, inhalieren, aufgehen, die
Seele finden, sich vergessen, sich fallen lassen, im Thema sein, die
Zeit vergessen, fabulieren, zeitlos sein

Schreiben ist ein Prozess der Selbsterkenntnis.
Ich begrüße dich in den Reihen der Mutigen!
Warum du mutig bist?

Ab sofort kannst du dich nicht mehr verstecken.
Du hast eine Entscheidung getroffen!
Die Entscheidung, etwas Positives für Dich zu tun.
Diese positive Entscheidung heißt: Schreiben.
Vielleicht hast Du in Kinder-und Jugendtagen bereits geübt, mit
einem Tagebuch.
Ich verspreche dir, dass hier geht weiter!
Schreiben,wie du es ab sofort tust, verändert deine Sicht auf die
Dinge, deine Einstellung zum Leben, deinen Umgang mit täglichen
Erlebnissen und Erfahrungen, deinen Blick auf die Menschen und
dein persönliches Umfeld.
Wenn ich dir sage, dass das von dir Aufgeschriebene damit
festgehalten, fixiert ist — ich spreche hier von einem erzielten
Ergebnis - , dann weißt du das, richtig?
Weißt du es wirklich?
Jeder, dem du es gestattest, kann es lesen.
Jede Zeile trägt dein Inneres nach Außen.
Je mehr Menschen dein Ergebnis lesen können, um so mehr
Menschen gibst du Einblick in deine Seele. Du zeigst, was dir wichtig

ist, lässt raus, was dich bewegt.

Und noch etwas.

Es ist gut möglich, dass deine Niederschriften, Geschichten, Romane, Gedichte, Märchen dich überdauern; dass noch nach Jahren, Jahrhunderten jemand darin blättert und dich in deinem Text sieht und sich in dir wiedererkennt.

Trau Dich!

Es ist unwichtig, wie lange du bereits deine Erfahrungen in unserer schönen, aufregenden, abenteuerlichen, traurigen, wütenden, liebenden Welt machst. Es ist nicht ausschlaggebend, was du gelernt hast, welchen Beruf du hast, an welchen Orten du schon gewesen bist, wie du aussiehst, was du isst oder welche Kleidung du bevorzugst.

Wichtig ist dein bisheriger Lebensweg, welche Abzweigungen hast du genommen, welche Autobahn. Wichtig sind deine Erfahrungen, die du in allen deinen Lebensbereichen gemacht hast, was du liebst zu tun, was du hasst, wem du helfen kannst mit deinem Schatz der persönlichen Erkenntnisse.

Glaube nie, du bist zu klein, zu unbedeutend! Du hast Erfahrungen, die nur du erlebt und gemacht hast. Und genau die braucht gerade irgendjemand von den Milliarden Menschen auf unserer Kugel.

Warum meinst du, nimmt ein Leser ein Buch zur Hand?

Um sich zu unterhalten. Das ist richtig, jedoch nicht alles. Oftmals sucht eine Seele eine Antwort auf eine Frage, eine Botschaft, eine unbewusste Hilfe, warum ihr Leben so ist wie es ist. Dann greift die Hand im richtigen Moment das richtige Buch mit der gesuchten Botschaft. Über die gute Unterhaltung durch den Lesestoff wird das Bewusstsein beschäftigt und die Antwort auf die Frage rutscht so einfach mit durch und kommt an der richtigen Stelle im Unterbewusstsein des Lesers an.

Ist zu abgehoben? Wann hattest du zuletzt eine Frage, ein Problem und dir ist z.B. eine Zeitschrift in die Hand gefallen, wo die Antwort plötzlich und unerwartet schwarz auf weiß zu lesen stand?

Der Leser will sich identifizieren, will so sein, wie gerade dein Held, möchte deine Zauberkräfte besitzen, um sein Leben zu meistern. Er möchte so stark sein, um die Hindernisse in seinem Leben so einfach wie dein Riese beiseite räumen zu können.

Die Leser hoffen auf ein gutes Ende deiner Geschichte, weil sie gute Ausgänge im eigenen Leben wünschen und herbei sehnen. Und natürlich wollen sie dabei auch gut unterhalten werden.

Schreiben ist Magie!

Abgedroschen, aber wahr.

Du kannst jeder und alles sein. Du kannst dir und deinen Lesern jeden Wunsch erfüllen, euch in jede Zeit, an jeden Ort, ob real oder fiktiv, versetzen, Begierden wecken, Wünsche hervorzaubern, zu einer bestimmten Ausgangssituation ein Ziel entwerfen.

Du schaffst Dinge, die unmöglich sind.

Du bist Maler, Architekt, Komponist.

Du bist Lehrer, Freund, Feind, Bruder oder Schwester, Arzt oder Guru. Du bist Wegbegleiter, Märchenerzähler, Problemlöser.

Du tust die Dinge immer zweimal, einmal für dich in deiner Welt, einmal für die Leser in ihrer Welt.

Du hast Zutritt zu Wohnzimmern, Kammern, Hütten und Schlössern.

Du hast Zutritt zu den Herzen der Menschen.

Indem du die Dinge aus deiner Sicht schilderst, nimmst du Einfluss auf die Meinung und das Verständnis deiner Leser.

Du schaffst unverwechselbare Figuren oder Charaktere, mit denen sich deine Leser verbünden, identifizieren können, die sie um Hilfe bitten oder als Vorbilder ansehen können.

Du kannst Fragen aufwerfen und lösen. Du kannst dem Schrecken entgegen wirken, indem du Ursachen und Wirkung erläuterst in deinen Worten, mit deinen Bildern, in deinen unverwechselbaren Geschichten.

Du bist der Magier, die Zauberin, auf die wir hier gerade sehnsüchtig warten.

Worauf wartest du noch?
Fühlst du das Fieber?
Siehst du die dich umgebenden Figuren?
Hörst du das Raunen der Musen?
Spürst du das Drängen deiner Seele?
Begreifst du, dass du schon fliegst?
Versinke im Treibsand der Wörter!
Ertrinke im Sturm der Buchstabenbilder!
Feiere mit deinen Geschöpfen die noch unfertige Geschichte!
Mach mich zum gespannten Leser deiner Geschichten!

Was meinst du? Du brauchst noch Anleitungen und Werkzeuge, um es richtig zu machen?
Klar, bekommst du! Aber weißt du was?
Schreibst du mit der Kraft deiner Seele, kannst du gar nichts falsch machen. Das andere kann man lernen. Das kommt später dazu.

Übrigens, was ich noch anmerken will:

Vielleicht berührst du deine Leser so sehr, dass sie dir deine Bücher aus den Händen reißen.

Es kann sein, dass so viel Talent in dir schlummert, dass du ein neuer Bestsellerautor wirst.

Aber selbst, wenn du nur eine ausgewählte Leserschaft hast, spricht das niemals gegen dein Talent. Dann bereitest du spezielle Themen für ausgesuchte Leser auf.

Beim Bücher und Geschichten schreiben geht es nicht um den einen großen Sieg. Es geht um deine persönliche Entwicklung und wie sehr das deine Leser faszinieren kann!

Schlusswort

Es bleibt nicht mehr viel zu sagen außer einem „Danke" an dich.
Ich weiß, ich war ein wenig provokant im vorliegenden Text. Ja, ja,
sag ruhig unverschämt!
Ich bin selbst alles das, was ich dir zu Beginn vorgeworfen habe. Ich
bin das kleine Licht aus der Vorstadt, das unbekannte Menschlein,
der armseliger Nine–to-Fiver, die Kuchen backende Hausfrau, nicht
der Schulabbrecher, aber der Tagträumer! (-in)
Lass dir niemals einreden, dass du es nicht kannst, dass du keine
Themen hast, über die es sich zu schreiben lohnt. Kein anderer
Mensch auf dieser Welt hat deinen Lebenslauf, deine
Lebensstationen, deine Erfahrungen. Kein anderer hat zu einem
Ereignis deine Emotionen. Jeder Mensch lacht, weint, trauert
anders. Nur du bist in deinen herausfordernden Alltagsfragen so
kompetent, in deiner Liebe so authentisch. Du bist ein einzigartiges
Wesen mit unvergleichlichen Eigenschaften. Du bist ein Einzelstück
und genau deshalb ist es jedes deiner Worte Wert, aufgeschrieben
zu werden und jede deiner Zeilen ist absolut lesenswert.
Ich habe gegen die Vorgaben meines Lebensweges rebelliert und
mir mein kreatives Stück vom Kuchen geholt.
Die Gedanken, die ich dir hier so an den Kopf oder auch vor die Füße
geworfen habe, entstanden im Verlauf meines Schreibweges. Es
geht meistens um das Handwerk beim Schreiben, das ein guter
Autor selbstverständlich beherrschen sollte. Aber ohne dein Feuer,
deinen Drang zum Schreiben, können die Texte noch so gut sein. Es
wird ihnen die Seele fehlen. Dieses innere Strahlen kannst du ihnen
nur geben, wenn du bei der Tätigkeit des Schreibens deine eigene
Seele mitarbeiten lässt. Das ist es, was Texte großartig macht.
Schreiben ist nicht nur ein kleines Hobby. Schreiben ist eines der
kreativsten Dinge überhaupt.

Aber Schreiben ist lebensverändernd! Das wollte ich dir verdeutlichen. Es bereichert dich. Es macht dich stark. Es bringt so viel Farbe in dein Leben.

Ich weiß, dass du es kannst! Ich freue mich, dass du beginnst.

Ich kenne deine wahre Größe!

Du bist großartig!

Du schaffst alles, was du willst!

Deine Texte berühren die Menschen!

Du bist ein Superschreibtalent!

Du bist ein Sieger!

Du bist ein Diamant!

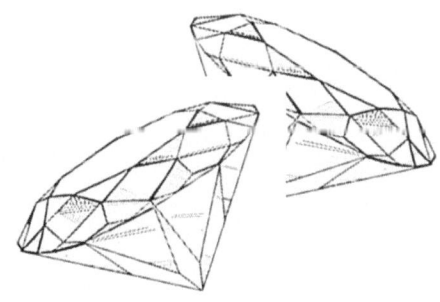

Literaturnachweis

1) A.M.Textor „Sag es treffender", ein Wörterbuch für alle, die täglich diktieren und schreiben
2) Gedicht „Wortjuwel", Gitta Glöckner
3) Text „Mein Schmerz", Blogartikel, Gitta Glöckner
4) Text „Ich brenne", Auszug aus einem unveröffentlichten Text, Gitta Glöckner
5) Text „Lass sie gehen", Blogartikel, Gitta Glöckner
6) Text „Wer bist du", FB-Artikel, Gitta Glöckner
7) Text „Leise und laut", Blogartikel, Gitta Glöckner
8) Text „Eine neue Bekanntschaft", Gitta Glöckner
9) Text „Der Apfelprinz", Auszug aus „Figurina", Gitta Glöckner
10) Text „Die Übung", Auszug aus „Figurina", Gitta Glöckner
11) Text „Treffen in Grau", Auszug aus „Figurina", Gitta Glöckner
12) Text „Steilvorlage Leben", Blogartikel, Gitta Glöckner
13) Text „Intelligentes Morgengespräch", Gitta Glöckner
14) Text „Meine größte Stärke", Gitta Glöckner

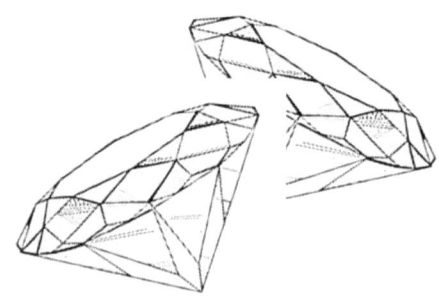

Weitere Bücher der Autorin

Gitta Glöckner

Während meines Schreibens in den letzten
Jahren stieß ich immer auf die selben Fragen
meinerseits bei der Beobachtung des Marktes
und der Vermarktung von Kunst im
Allgemeinen.
Warum gibt es so viel Gewalt in der Kunst?
Warum ist sie nicht optimistischer,
lebensbejahender?
Wo liegt die Verantwortung des Autors und
der Künstler?
Warum wird stets noch in alten, wie ich
glaube, überholten Korsetts gearbeitet?

Figurina

Besuch im Zeitlosen

Gitta Glöckner

Rhodos gab mir von Anfang an ein Gefühl von Zu-Hause-Sein. Die Natur ist atemberaubend, verschiedenste Schauplätze einfach sensationell.

Meine Fantasie erschuf Geschichten zu den Attraktionen, bevor ich überhaupt zum Nachdenken kam. Märchen entstanden aus Begrifflichkeiten oder einer Glasscherbe im Sand.

Der Zauberspiegel

Rhodos - Märchen und Geschichten

Gitta Glöckner

Wendländische
Märchenkiste

Peranticus erzählt Teil2

Ein leerer Dachboden sorgte dafür, dass ich ihn mit
Gestalten und Erzählungen füllte. Ausgangspunkt war
dabei diesmal ein ungewöhnliches Hobby, ein
zauberhaftes Gemälde, geheimnisvolle Palmensamen
und eine Anti-Aging-Pille. Dazu gehört natürlich auch
ein Erzähler, der sich auf dem Dachboden zeigte,
nachdem die Geschichten in mein Leben traten.

Gitta Glöckner

Ein Arbeitsplatz mit einem Chef, der kein
Ohr für seine Mitarbeiter hat, seine Gäste
nur des Geldes wegen betreut und Gelder
einbehält, die ihm nicht zukommen. Die
Stimme wurde immer lauter, diese Erlebnisse
der Welt zu geben und auf die Missstände
aufmerksam zu machen. Gezeigt wird das
Verhalten eines Menschen und die sich
daraus ergebenden Auswirkungen auf sein
direktes Umfeld.

Das unheimliche Gasthaus

Gitta Glöckner

VAMPIRE AUF VIER PFOTEN

Ein Husky auf Rhodos

Ein Denkmal für eine treue Begleiterin
meiner Jahre auf Rhodos – meiner Jack-
Russell-Hündin Lady G. Es fließen Erlebnisse
ein, die wirklich stattgefunden haben, nur das
die Hunde sie jetzt erleben. Vampire sind sie
nur aus einem Grund, sie leben ewig. Für die
Leser. Für mich sowieso!

Gitta Glöckner

Der magische $\mathcal{S}$tift

oder

Mein Leben bewegen und positiv leben

Ein Selbsthilfeprogramm mittels Schreiben, was ich schon vor Jahrzehnten kennenlernen durfte und heute noch verwende, um Dinge für mich zu klären, mir selbst Fragen zu beantworten und Lösungen für Herausforderungen zu finden. Eingebettet in eine kleine Geschichte wird die Verwendung des Programmes einfach und nachvollziehbar dargestellt.

GITTA GLÖCKNER

Explosion zwischen Buchdeckeln

VERMEINTLICHE PARALLELWELTEN

UND IHR EINFLUSS AUF

JEDEN VON UNS

Wir erzählen unsere Geschichten,wir erzählen uns Geschichten.
Alles ist miteinander verbunden, alles durchdringt sich.
Es dreht sich alles um Chancen, Verkauf und Heilung..
Wie komme ich nun zu einem überragenden Lebensbuch?
Indem ich lerne, wie meine Welten funktionieren.
Was hat es nun mit den Explosionen auf sich, noch dazu
zwischen Buchdeckeln?Wie viele gibt es heute und hier zu
erleben?Wie gefährlich sind diese Explosionen?
Es stellt sich dabei die Frage:
was war zuerst da, die Welt oder das Buch?

Das große Verzaubern
Auskopplung der Rhodos – Märchen aus dem „Zauberspiegel

Das Touristen-ABC
Auskopplung der Geschichten rund ums Boot aus dem Zauberspiegel

Webseite: https://www.wortjuwel.de